中高生のための
進路・職業を知る本

ヤングアダルト
BOOKS1

はじめに

　本書は、中学・高校生向けに職業選択、業界研究、進路・進学を考える際に、役立つ本を探せるように企画した索引です。

中学校や高校では、多くの選択肢や決断の機会が訪れます。その中で、自分に合った進路や職業を見つけることは、とても大切なことです。しかし、「どんな仕事があるの？」「将来どんな仕事が向いているかわからない」「興味のある業界についてもっと知りたい」「目標とする職業に就くためにどのような学びが必要なのか知りたい」といったような疑問や目的を持つこともあるでしょう。

この索引は、そんな疑問や不安を少しでも解消できるよう、職業や業界、進路・進学に関するキーワードや職業名などから、それについて書かれた本が簡単に見つけられる本です。皆さんの興味を持ったテーマやキーワードから、気になる本を見つけてみてください。

進路や職業の選択は、自分自身を知ることから始まります。この本で見つけられた本が、皆さんの新たな発見や挑戦へのきっかけとなり、皆さんが未来を切り拓くための一歩を踏み出す助けとなることを目指しています。それぞれの目標に向かう道のりを応援する一冊となれば幸いです。

2024年12月

ＤＢジャパン編集部

本書の使い方

1. 本書の内容

　本書は、中・高校生を中心とするヤングアダルト世代向けの職業選択、業界研究、進路・進学に関する本を探せるように企画した索引です。「職業、仕事を知る」「業界を知る」、「進路を知る」に分類して、さらに細かく分けています。

2. 採録の対象

　2010年（平成22年）〜2023年（令和5年）の14年間に国内で刊行されたヤングアダルト向けの職業選択、業界研究、進路・進学に関連する作品1,456冊を収録しています。

3. 記載している項目

本の書名 / 作者名;訳者名/ 出版者（叢書名）/ 刊行年月

【例】
医師＞獣医
「NHKプロフェッショナル仕事の流儀 4」NHK「プロフェッショナル」制作班編
ポプラ社 2018年4月
「クジラをめぐる冒険：ナゾだらけの生態から対立する捕鯨問題まで」石川創著
旬報社 2020年11月
「ジブン未来図鑑：職場体験完全ガイド+ 2」ポプラ社編集 ポプラ社 2022年4月

　1) 差別用語という見解がある分類も存在しますが、原則、検索性を重視した表現としています
　2) 作品のタイトルやシリーズ名等に環境依存文字が使用されている場合、
　　環境依存文字を使わずに表現していることもあります。

4. 排列について

1) テーマ・ジャンル別大分類見出しの下は中・小・細分類見出しの五十音順。
2) テーマ・ジャンル別中・小・細分類見出しの下は本の書名の英数字・記号→ひらかな・カタカナの五十音順→漢字順。

5. 収録作品名一覧

巻末に索引の対象とした作品名一覧を掲載。
（並び順は作者の字順→出版社の字順排列としています。）

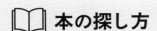

テーマ・ジャンル別分類見出し目次

【職業、仕事を知る】

アニメ関係＞アニメーター	1
アニメ関係＞アニメ監督	1
医師	1
医師＞監察医	3
医師＞獣医	3
医師＞樹木医	4
医師＞小児科医	4
医師＞整形外科医	5
医師＞精神科医	5
医師＞歯医者、歯科医	5
医療技術者＞義肢装具士	5
医療技術者＞言語聴覚士	6
医療技術者＞作業療法士	6
医療技術者＞歯科衛生士	6
医療技術者＞視能訓練士	6
医療技術者＞診療放射線技師	6
医療技術者＞理学療法士	7
医療技術者＞臨床検査技師	7
医療技術者＞臨床工学技士	7
医療事務	7
植木屋	7
ウェディングプランナー	7
宇宙飛行士	8
運転士、運転手	8
営業	9
エコノミスト	9
エステティシャン	9
エンジニア、技術者	9
エンジニア、技術者＞AIエンジニア	10
エンジニア、技術者＞ロボット開発者	10
演出家	10
音響スタッフ	10
ガイド、案内人	10
科学者、学者、技術者＞医学者	11
科学者、学者、技術者＞科学者、学者、技術者一般	11
科学者、学者、技術者＞経済学者	14
科学者、学者、技術者＞研究者	14
科学者、学者、技術者＞研究者＞企業研究者	15
科学者、学者、技術者＞研究者＞ポストドクター（ポスドク）、博士研究員	15
科学者、学者、技術者＞考古学者	15
科学者、学者、技術者＞儒学者	15
科学者、学者、技術者＞植物学者	15
科学者、学者、技術者＞心理学者	16
科学者、学者、技術者＞数学者	16
科学者、学者、技術者＞生物学者	16
科学者、学者、技術者＞哲学者	17
科学者、学者、技術者＞天文学者	17
科学者、学者、技術者＞博物学者	18
科学者、学者、技術者＞物理学者	18
科学者、学者、技術者＞民俗学者	18
歌手	18
カメラマン、写真家	19
カメラマン、写真家＞映像カメラマン	20
看護師	20
看護師＞動物看護師	21
監督	21
監督＞映画監督	21
管理栄養士	21
企画	22
記者、ライター	22
気象予報士	23
客室乗務員	23
キャスター、アナウンサー	23
キャリア	24
キャリアデザイン	24
救急救命士、救急隊員	24
救助隊	24
救助隊＞山岳救助隊	24
救助隊＞特別救助隊、レスキュー隊	24
教育者、教育家	24
教師	25
教師＞日本語教師	27
教師＞養護教諭	27
銀行員	27
クリエイター	27
クリエイター＞イラストレーター	27

クリエイター＞映像クリエイター	27	講師	37
クリエイター＞おもちゃクリエイター	27	講師＞塾講師	37
クリエイター＞ゲームクリエイター	27	講談師、浪曲師	37
クリエイター＞サウンドクリエイター	28	広報	37
クリエイター＞デザイナー	28	公務員	37
クリエイター＞デザイナー＞グラフィックデザイナー	29	公務員＞国際公務員	37
		公務員＞国家公務員	37
クリエイター＞デザイナー＞ファッションデザイナー	29	公務員＞国家公務員＞外交官	38
		公務員＞国家公務員＞海上保安官	38
経営者、社長、起業家	29		
経営者、社長、起業家＞社会起業家	29	公務員＞国家公務員＞官僚	38
		公務員＞国家公務員＞気象予報官	38
経営、商売＞起業	29		
経営、商売＞起業＞スタートアップ	30	公務員＞国家公務員＞検察官	38
経営、商売＞雇用＞非正規雇用	30	公務員＞国家公務員＞航空管制官	39
警察官	30		
警察官＞刑事	30	公務員＞国家公務員＞裁判官	39
芸者、芸妓	30	公務員＞国家公務員＞自衛官	39
芸術家	31	公務員＞国家公務員＞自衛隊	39
芸術家＞音楽家	31	公務員＞国家公務員＞自然保護官	39
芸術家＞音楽家＞作詞家	32		
芸術家＞音楽家＞作曲家	32	公務員＞国家公務員＞食品衛生監視員	40
芸術家＞音楽家＞指揮者	32		
芸術家＞音楽家＞バイオリニスト	33	公務員＞地方公務員	40
芸術家＞音楽家＞ピアニスト	33	国連職員	40
芸術家＞画家	33	国会議員	40
芸術家＞書家、書道家	34	コンサルタント＞環境コンサルタント	41
芸術家＞彫刻家	34	コンサルタント＞経営コンサルタント	41
芸人	35	在宅勤務	41
芸能人	35	作家、脚本家	41
芸能人＞タレント、アイドル	35	作家、脚本家＞絵本作家	43
芸能人＞俳優、女優	35	飼育員	43
芸能人＞俳優、女優＞歌舞伎役者	35	仕事一般	44
警備員	35	司書、図書館員	45
研究開発	35	詩人、歌人	46
研究開発＞食品開発	36	思想家	46
建築、インテリア関係＞インテリアコーディネーター	36	市長	46
		児童指導員	46
建築、インテリア関係＞CAD	36	ジャーナリスト	47
建築、インテリア関係＞建築家、建築士	36	宗教家	47
		就職活動、就職	47
建築、インテリア関係＞建築技術者、土木技術者	37	修道女、修道士	47
		障害者と仕事	47
建築、インテリア関係＞大工	37		

将棋棋士、囲碁棋士	48	整備士	56
消防士	48	整備士＞航空整備士	56
照明スタッフ	48	整備士＞自動車整備士	56
職業ガイド	48	声優	56
職人	49	船員、船長、海技従事者	57
職人＞囲碁将棋盤職人	49	選手	57
職人＞織物職人	49	総務	57
職人＞左官職人	49	総理大臣、宰相、大統領	57
職人＞たんす職人	49	宅配ドライバー	57
職人＞人形職人	49	鷹匠	57
職人＞花火職人	50	ダンサー	57
職人＞板金職人	50	ダンサー＞バレエダンサー＞バレ	57
職人＞パン職人	50	リーナ	
職人＞やきもの職人、陶芸家	50	調教師	57
職場・職業体験	50	通勤	58
助産師	50	通訳	58
人事	51	鉄道職員	58
心理、精神関係＞カウンセラー	51	店員＞書店員	58
心理、精神関係＞カウンセラー＞ス	51	投資家	58
クールカウンセラー		登山家	58
心理、精神関係＞心理士、心理師	51	トリマー	59
心理、精神関係＞精神保健福祉士	51	トレーナー＞アニマルトレーナー	59
スイーツプランナー	51	トレーナー＞ドッグトレーナー	59
スポーツ関係＞アスリート、選手	51	南極地域観測隊	59
スポーツ関係＞アスリート、選手＞	53	ネイリスト	59
実業団選手		農家	59
スポーツ関係＞アスリート、選手＞	53	俳諧師、俳人	60
プロゴルファー		パイロット	60
スポーツ関係＞アスリート、選手＞	53	博物館、美術館関連＞学芸員	60
プロサッカー選手		博物館、美術館関連＞博物館職員	61
スポーツ関係＞アスリート、選手＞	54	働き方	61
プロ野球選手		働き方＞協働労働	61
スポーツ関係＞アスリート、選手＞	55	発明家	62
プロレスラー		バリスタ	62
スポーツ関係＞アスリート、選手＞	55	美術スタッフ	62
力士		美容師	62
スポーツ関係＞実況アナウンサー	55	福祉関係＞介護士、介護福祉士	62
スポーツ関係＞スポーツ用品店店	55	福祉関係＞ケアマネージャー、介護	63
員		支援専門員	
スポーツ関係＞スポーツライター	55	福祉関係＞社会福祉士、ソーシャ	63
スポーツ関係＞野球監督	55	ルワーカー	
整体、施術師＞柔道整復師	55	福祉関係＞手話通訳士	63
整体、施術師＞美容整体師	56		
青年海外協力隊	56		

福祉関係＞盲導犬訓練士、聴導犬訓練士、介助犬訓練士	64
舞踏家	64
不動産関係＞宅地建物取引士	64
不動産関係＞不動産鑑定士	64
フライトドクター、フライトナース	64
プログラマー	64
プロゲーマー	64
プロデューサー	65
プロデューサー＞イベントプロデューサー	65
ヘアメイクアップアーティスト	65
編集者	65
保育士	65
冒険家	66
法律、会計、保険関係＞行政書士	66
法律、会計、保険関係＞公認会計士	66
法律、会計、保険関係＞社会保険労務士	66
法律、会計、保険関係＞税理士	66
法律、会計、保険関係＞弁護士	67
法律、会計、保険関係＞弁理士	67
保健師	67
ホテリエ、ホテルマン	67
翻訳家	67
マーケティング	68
マジシャン	68
マネージャー、管理職	68
漫画家	68
薬剤師	69
YouTuber	69
郵便配達員	69
幼稚園教諭	69
落語家	69
酪農家	70
漁師	70
猟師	70
寮母	70
料理人、パティシエ、菓子職人	70
料理人、パティシエ、菓子職人＞ショコラティエ	71

【業界を知る】

IT産業、情報産業	72
アパレル、服飾	72
一般廃棄物処理業	73
印刷業	73
宇宙産業	73
運送業、運輸業	73
運送業、運輸業＞航空輸送	73
NPO法人	74
エンターテインメント業	74
卸売業	74
外食産業＞飲食店一般	74
環境ビジネス	74
漁業	74
漁業＞捕鯨	75
銀行業	75
金属加工業	75
軍事産業	75
建設、土木業	76
工業	77
工業＞化学工業	78
工業＞重化学工業	78
航空業	78
航空交通管制、航空管制	78
小売業、流通小売業	78
自動化産業	79
出版業	79
情報通信業	79
食品化学	79
食品保存	80
水産業	80
水産業＞水産加工、水産物	80
スポーツ産業	80
製造業	80
製造業＞家電	81
製造業＞自動車	81
製造業＞食品工業	81
製造業＞食品工業＞パン、菓子	82
生命保険業	83
専門店＞パティスリー、洋菓子店	83
葬祭業	83

造船業	83
畜産業	83
畜産業＞屠畜	83
畜産業＞酪農	84
ツーリズム、観光業	84
鉄鋼業	84
鉄鋼業＞たたら製鉄	84
テレビ業界	84
電気事業	84
農業、農耕	84
農業、農耕＞家族農業	87
販売業	87
ビル管理業務	87
福祉、医療産業	87
物流業、倉庫業	88
不動産業	88
ものづくり	88
養殖、養殖業	88
養蜂業	88
林業	89

【進路を知る】

AO、推薦入試	90
高校入試	90
公務員試験	90
進路、進学	90
大学入試	92
大学入試＞センター試験	94
留学	95

【職業、仕事を知る】

アニメ関係＞アニメーター

「アニメーション学入門 新版」平凡社（平凡社新書） 2017年2月

「アニメ業界で働く─なるにはBOOKS；補巻27」ぺりかん社 2021年11月

「キャリア教育支援ガイドお仕事ナビ 10」理論社 2016年3月

「仕事道楽：スタジオジブリの現場 新版」岩波書店（岩波新書 新赤版） 2014年5月

「職場体験完全ガイド 35」ポプラ社 2013年4月

「夢活!なりたい!アニメの仕事 1」汐文社 2018年1月

アニメ関係＞アニメ監督

「職場体験完全ガイド 35」ポプラ社 2013年4月

「人生を変えるアニメ─14歳の世渡り術」河出書房新社 2018年8月

医師

「「在宅医療」で働く人の一日─医療・福祉の仕事見る知るシリーズ」保育社 2018年10月

「いたみを抱えた人の話を聞く」創元社 2023年9月

「いのちつぐ「みとりびと」3」農山漁村文化協会 2012年2月

「いのちつぐ「みとりびと」8」農山漁村文化協会 2014年2月

「いのちと向き合う仕事─漫画家たちが描いた仕事：プロフェッショナル」金の星社 2016年2月

「エリザベス・ブラックウェル：運命を切り開いた世界で最初の女性医師─集英社版・学習漫画. 世界の伝記next」集英社 2011年7月

「カカ・ムラド〜ナカムラのおじさん」双葉社 2020年12月

「これからを生きる君へ」毎日新聞出版 2019年3月

「ジブン未来図鑑：職場体験完全ガイド+. 8」ポプラ社 2023年4月

「安全な医療のための「働き方改革」」岩波書店（岩波ブックレット） 2019年4月

「偉人のおはなし：ハンディタイプ：夢のとびらがひらく!─頭のいい子を育てる」主婦の友社 2016年7月

「医学部に行きたいあなた、医学生のあなた、そしてその親が読むべき勉強の方法」中外医学社 2017年10月

「医師という生き方─発見!しごと偉人伝」ぺりかん社 2010年9月

職業、仕事を知る

「医師になるにはーなるにはBOOKS；12」ぺりかん社　2013年3月

「医師による野球技術論叙説 = A Physician's Theory of Baseball Technologies」彩流社　2017年10月

「医師の一日―医療・福祉の仕事見る知るシリーズ：10代の君の「知りたい」に答えます」保育社　2014年12月

「医者になりたい：夢をかなえた四人の女性」新日本出版社　2015年3月

「医者になりたい君へ：心臓外科医が伝える命の仕事―14歳の世渡り術」河出書房新社　2014年1月

「医者をめざす君へ：心臓に障害をもつ中学生からのメッセージ」東洋経済新報社　2015年10月

「医療・福祉・教育のしごと：人気の職業早わかり！」PHP研究所　2011年5月

「岩村昇：ネパールの人々と共に歩んだ医師―ひかりをかかげて」日本キリスト教団出版局　2013年9月

「救命救急フライトドクター：攻めの医療で命を救え！」講談社　2011年7月

「教えて！マジカルドクター = PLEASE TEACH ME,MAGICAL DOCTOR！：病気のこと、お医者さんのこと」丸善出版　2021年11月

「元気がでる日本人100人のことば 5」ポプラ社　2012年3月

「元厚労省職員が教える海外の医学部を卒業して日本の医師になる方法」エール出版社(Yell books)　2012年3月

「現代人の伝記：人間てすばらしい、生きるってすばらしい 4」致知出版社　2010年7月

「個性ハッケン！：50人が語る長所・短所 5.」ポプラ社　2018年9月

「考えよう！女性活躍社会 2」汐文社　2017年4月

「国境なき助産師が行く：難民救助の活動から見えてきたこと」筑摩書房(ちくまプリマー新書)　2018年10月

「失われた「医療先進国」：「救われぬ患者」「報われぬ医師」の袋小路」講談社(ブルーバックス)　2010年11月

「小児を救った種痘学入門：ジェンナーの贈り物：緒方洪庵記念財団・除痘館記念資料室撰集」創元社　2016年8月

「小説・マンガで見つける！すてきな仕事 2」学研教育出版　2015年2月

「森鷗外：学芸の散歩者」岩波書店(岩波新書 新赤版)　2022年7月

「森鷗外―よみがえる天才」筑摩書房(ちくまプリマー新書)　2022年4月

「人生を切りひらいた女性たち：なりたい自分になろう！1 (医療・科学編)」教育画劇　2016年2月

2

職業、仕事を知る

「折れない心を育てるいのちの授業：You matter because you are you」KADOKAWA　2019年8月

「先生！」岩波書店（岩波新書 新赤版）　2013年7月

「大震災のなかで：私たちは何をすべきか」岩波書店（岩波新書 新赤版）　2011年6月

「長崎の鐘」日本ブックエース（平和文庫）　2010年7月

「長崎原爆記：被爆医師の証言」日本ブックエース（平和文庫）　2010年11月

「長谷川泰ものがたり：医に燃えた明治の越後人：新潟県長岡市新組地区御当地伝記マンガ」郷土の偉人長谷川泰を語る会　2011年3月

「泥だらけのカルテ：家族のもとに遺体を帰しつづける歯科医が見たものは？―世の中への扉」講談社　2014年2月

「東日本大震災石巻災害医療の全記録：「最大被災地」を医療崩壊から救った医師の7カ月」講談社（ブルーバックス）　2012年2月

「被爆医師のヒロシマ：21世紀を生きる君たちに」新日本出版社　2013年7月

「病院で働く人たち：しごとの現場としくみがわかる！デジタルプリント版―しごと場見学！」ぺりかん社　2018年1月

「武器ではなく命の水をおくりたい：中村哲医師の生き方」平凡社　2021年4月

「未来の医療で働くあなたへ――14歳の世渡り術」河出書房新社　2021年10月

「夢のお仕事さがし大図鑑：名作マンガで「すき！」を見つける 2」日本図書センター　2016年9月

「命は慈しみの光：医者としていのちと向きあいながら」イー・ピックス　2019年11月

「命をつなげ！ドクターヘリ 2」講談社（講談社青い鳥文庫）　2019年7月

「命を救う心を救う：途上国医療に人生をかける小児外科医「ジャパンハート」吉岡秀人」佼成出版社　2021年11月

「臨床工学技士の一日―医療・福祉の仕事見る知るシリーズ：10代の君の「知りたい」に答えます」保育社　2017年6月

医師＞監察医

「死体が教えてくれたこと――14歳の世渡り術」河出書房新社　2018年9月

医師＞獣医

「NHKプロフェッショナル仕事の流儀 4」ポプラ社　2018年4月

「クジラをめぐる冒険：ナゾだらけの生態から対立する捕鯨問題まで」旬報社　2020年11月

「ジブン未来図鑑：職場体験完全ガイド+ 2」ポプラ社　2022年4月

職業、仕事を知る

「ぼくはネコのお医者さん：ネコ専門病院の日々」講談社(講談社青い鳥文庫)　2018年2月

「学校犬バディが教えてくれたこと」金の星社　2016年9月

「獣医師になるには―なるにはBOOKS」ぺりかん社　2018年5月

「獣医師の一日―医療・福祉の仕事見る知るシリーズ：10代の君の「知りたい」に答えます」保育社　2017年2月

「職場体験学習に行ってきました。：中学生が本物の「仕事」をやってみた! 10」学研教育出版　2014年2月

「生き物と向き合う仕事」筑摩書房(ちくまプリマー新書)　2016年2月

「走る動物病院」汐文社　2013年6月

「大人になったらしたい仕事：「好き」を仕事にした35人の先輩たち 3」朝日学生新聞社　2019年8月

「珍獣ドクターのドタバタ診察日記：動物の命に「まった」なし!―動物」ポプラ社(ポプラ社ノンフィクション)　2017年8月

「動物の仕事をするには? 図書館版―マンガでわかるあこがれのお仕事」金の星社　2021年1月

「動物の仕事をするには?―マンガでわかるあこがれのお仕事」金の星社　2021年6月

「牧場・農場で働く人たち：しごとの現場としくみがわかる!―しごと場見学!」ぺりかん社　2014年12月

「命のものさし：動物の命・人間の命・わたしの命」合同出版　2019年11月

「命の意味命のしるし―世の中への扉」講談社　2017年1月

「夜の獣医さん：往診専門の動物病院」講談社(講談社青い鳥文庫)　2021年6月

「竜之介先生、走る!：熊本地震で人とペットを救った動物病院―動物」ポプラ社(ポプラ社ノンフィクション)　2019年4月

医師＞樹木医

「樹木ハカセになろう」岩波書店(岩波ジュニア新書)　2011年3月

「職場体験完全ガイド 15」ポプラ社　2010年3月

医師＞小児科医

「NHKプロフェッショナル仕事の流儀 4」ポプラ社　2018年4月

「子どもと働く―なるにはBOOKS；補巻14」ぺりかん社　2014年2月

職業、仕事を知る

医師＞整形外科医

「腰痛をこころで治す：心療整形外科のすすめ」PHP研究所（PHPサイエンス・ワールド新書）
2013年7月

医師＞精神科医

「「現代型うつ」はサボりなのか」平凡社（平凡社新書）　2013年9月

「「心」のお仕事：今日も誰かのそばに立つ24人の物語―14歳の世渡り術」河出書房新社
2021年10月

「学びを結果に変えるアウトプット大全 = THE POWER OF OUTPUT:How to Change
Learning to Outcome」サンクチュアリ出版（sanctuary books）　2018年8月

「学び効率が最大化するインプット大全 = THE POWER OF INPUT:How to Maximize
Learning」サンクチュアリ出版（sanctuary books）　2019年8月

「職場体験完全ガイド 42」ポプラ社　2015年4月

「世界一やさしい依存症入門：やめられないのは誰かのせい?―14歳の世渡り術」河出書房
新社　2021年8月

「世界一やさしい精神科の本―14歳の世渡り術」河出書房新社　2011年5月

「絆ストレス：「つながりたい」という病」青春出版社（青春新書INTELLIGENCE）　2012年10月

医師＞歯医者、歯科医

「「在宅医療」で働く人の一日―医療・福祉の仕事見る知るシリーズ」保育社　2018年10月

「NHKプロフェッショナル仕事の流儀 8」ポプラ社　2018年4月

「おしえてとぅーすはかせ!」三恵社　2020年10月

「プチ革命言葉の森を育てよう」岩波書店（岩波ジュニア新書）　2014年7月

「歯科医師になるには―なるにはBOOKS ; 86」ぺりかん社　2017年7月

「歯科医師の一日―医療・福祉の仕事見る知るシリーズ：10代の君の「知りたい」に答えます」
保育社　2016年8月

「職場体験完全ガイド 26」ポプラ社　2012年3月

医療技術者＞義肢装具士

「NHKプロフェッショナル仕事の流儀 1」ポプラ社　2018年4月

「あったらいいな、こんな義手―楽しく知ろうバリアフリーからだをたすける道具」汐文社　2020
年2月

「あったらいいな、こんな義足―楽しく知ろうバリアフリーからだをたすける道具」汐文社　2019
年12月

職業、仕事を知る

「キャリア教育支援ガイドお仕事ナビ 4」理論社 2015年2月

「まるわかり!パラリンピック [4]」文研出版 2015年1月

「義肢装具士になるには―なるにはBOOKS;146」ぺりかん社 2017年6月

「義肢装具士の一日―医療・福祉の仕事見る知るシリーズ」保育社 2018年9月

「義足でかがやく―世の中への扉」講談社 2016年3月

「義足と歩む:ルワンダに生きる日本人義肢装具士」汐文社 2019年8月

「決定版!パラリンピック大百科 5」小峰書店 2019年4月

「職場体験完全ガイド 46」ポプラ社 2016年4月

医療技術者＞言語聴覚士

「言語聴覚士になるには―なるにはBOOKS;113」ぺりかん社 2017年5月

「言語聴覚士の一日―医療・福祉の仕事見る知るシリーズ」保育社 2018年6月

「職場体験完全ガイド 22」ポプラ社 2011年3月

医療技術者＞作業療法士

「作業療法士になるには―なるにはBOOKS;97」ぺりかん社 2014年11月

「職場体験完全ガイド 22」ポプラ社 2011年3月

医療技術者＞歯科衛生士

「歯科衛生士・歯科技工士になるには―なるにはBOOKS;47」ぺりかん社 2017年2月

「歯科衛生士の一日―医療・福祉の仕事見る知るシリーズ:10代の君の「知りたい」に答えます」保育社 2017年9月

「職場体験完全ガイド 41」ポプラ社 2015年4月

医療技術者＞視能訓練士

「視能訓練士になるには―なるにはBOOKS」ぺりかん社 2018年3月

「視能訓練士の一日―医療・福祉の仕事見る知るシリーズ」保育社 2018年7月

医療技術者＞診療放射線技師

「診療放射線技師になるには―なるにはBOOKS」ぺりかん社 2018年3月

「診療放射線技師の一日―医療・福祉の仕事見る知るシリーズ:10代の君の「知りたい」に答えます」保育社 2017年7月

「臨床検査技師・診療放射線技師・臨床工学技士になるには」ぺりかん社 2014年9月

職業、仕事を知る

医療技術者＞理学療法士

「「在宅医療」で働く人の一日―医療・福祉の仕事見る知るシリーズ」保育社　2018年10月

「介護のススメ！：希望と創造の老人ケア入門」筑摩書房（ちくまプリマー新書）　2016年12月

「作業療法士の一日―医療・福祉の仕事見る知るシリーズ：10代の君の「知りたい」に答えます」保育社　2016年12月

「職場体験完全ガイド 14」ポプラ社　2010年3月

「病院で働く人たち：しごとの現場としくみがわかる！デジタルプリント版―しごと場見学！」ぺりかん社　2018年1月

「理学療法士になるには―なるにはBOOKS；67」ぺりかん社　2014年10月

「理学療法士の一日―医療・福祉の仕事見る知るシリーズ：10代の君の「知りたい」に答えます」保育社　2015年11月

医療技術者＞臨床検査技師

「職場体験完全ガイド 26」ポプラ社　2012年3月

「臨床検査技師・診療放射線技師・臨床工学技士になるには」ぺりかん社　2014年9月

「臨床検査技師になるには―なるにはBOOKS」ぺりかん社　2018年8月

「臨床検査技師の一日―医療・福祉の仕事見る知るシリーズ：10代の君の「知りたい」に答えます」保育社　2016年10月

医療技術者＞臨床工学技士

「臨床検査技師・診療放射線技師・臨床工学技士になるには」ぺりかん社　2014年9月

「臨床工学技士になるには―なるにはBOOKS」ぺりかん社　2019年9月

「臨床工学技士の一日―医療・福祉の仕事見る知るシリーズ：10代の君の「知りたい」に答えます」保育社　2017年6月

医療事務

「医療事務スタッフになるには―なるにはBOOKS；160」ぺりかん社　2023年8月

植木屋

「桜守のはなし」講談社　2012年3月

ウェディングプランナー

「自分がえらんだはたらき方：お仕事ノンフィクション．5」岩崎書店　2023年10月

職業、仕事を知る

宇宙飛行士

「きみは宇宙飛行士！：宇宙食・宇宙のトイレまるごとハンドブック」偕成社　2018年12月

「キャリア教育支援ガイドお仕事ナビ 15」理論社　2018年1月

「ジブン未来図鑑：職場体験完全ガイド+. 10」ポプラ社　2023年4月

「なぜ私たちは理系を選んだのか：未来につながる〈理〉のチカラ」岩波書店（岩波ジュニアスタートブックス）　2021年5月

「ヒラメキ公認ガイドブックようこそ宇宙へ」化学同人　2011年12月

「宇宙がきみを待っている」汐文社　2011年4月

「宇宙について知っておくべき100のこと—インフォグラフィックスで学ぶ楽しいサイエンス」小学館　2017年7月

「宇宙を仕事にしよう！—14歳の世渡り術」河出書房新社　2016年11月

「宇宙開発—天文・宇宙の科学」大日本図書　2012年3月

「宇宙兄弟-アニメでよむ宇宙たんけんブック-」講談社　2012年8月

「宇宙就職案内」筑摩書房（ちくまプリマー新書）　2012年5月

「宇宙少年—15歳の寺子屋」講談社　2011年6月

「宇宙飛行士になるには—なるにはBOOKS；109」ぺりかん社　2014年6月

「宇宙飛行士の若田さんと学ぶおもしろ宇宙実験」日経ナショナルジオグラフィック社　2010年8月

「宇宙飛行士は見た宇宙に行ったらこうだった！」repicbook　2020年12月

「宇宙飛行士入門—入門百科+；13」小学館　2014年6月

「金環食guide：2012年5月21日」中央公論新社　2012年2月

「元気がでる日本人100人のことば 2」ポプラ社　2012年3月

「考えよう！女性活躍社会 2」汐文社　2017年4月

「最新！宇宙探検ビジュアルブック—生活シリーズ」主婦と生活社　2014年7月

「的川博士の銀河教室」毎日新聞社　2012年3月

「瑠璃色の星：宇宙から伝える心のメッセージ」世界文化社　2010年8月

運転士、運転手

「NHKプロフェッショナル仕事の流儀 5」ポプラ社　2018年4月

「キャリア教育支援ガイドお仕事ナビ 18」理論社　2018年12月

「駅で働く人たち：しごとの現場としくみがわかる！—しごと場見学！」ぺりかん社　2010年1月

職業、仕事を知る

「自分がえらんだはたらき方：お仕事ノンフィクション. 5」岩崎書店　2023年8月

「職場体験完全ガイド 29」ポプラ社　2012年3月

「職場体験完全ガイド 52」ポプラ社　2017年4月

「大人になったらしたい仕事：「好き」を仕事にした35人の先輩たち」朝日学生新聞社　2017年9月

「大人になったらしたい仕事：「好き」を仕事にした35人の先輩たち 2」朝日学生新聞社　2018年10月

「鉄道運転マニュアル：運転体験に行こう!」スタジオタッククリエイティブ　2019年1月

「東京メトロ大都会をめぐる地下鉄ーこのプロジェクトを追え!」佼成出版社　2013年10月

「日本全国新幹線に乗ろう!：日本全国の新幹線が大集合! 2版ーまっぷるキッズ」昭文社　2021年10月

「料理旅行スポーツのしごと：人気の職業早わかり!」PHP研究所　2010年10月

営業

「大人になったらしたい仕事：「好き」を仕事にした35人の先輩たち」朝日学生新聞社　2017年9月

「売るしごと：営業・販売・接客：会社の中にはどんな職種があるのかな?ー会社のしごと；1」ぺりかん社　2011年11月

エコノミスト

「証券・保険業界で働くーなるにはBOOKS；補巻23」ぺりかん社　2019年6月

エステティシャン

「職場体験完全ガイド 30」ポプラ社　2012年3月

「美容室・理容室・サロンで働く人たち：しごとの現場としくみがわかる!ーしごと場見学!」ぺりかん社　2015年1月

エンジニア、技術者

「Pythonエンジニアファーストブック」技術評論社　2017年9月

「アプリケーションエンジニアになるにはーなるにはBOOKS；156」ぺりかん社　2021年6月

「エンジニアになろう!：つくってわかるテクノロジーのしくみー見たい、知りたい、ためしたい」化学同人　2020年2月

「キャリア教育支援ガイドお仕事ナビ 12」理論社　2017年10月

「コミックエンジニア物語：未来を拓く高専のチカラ：高専受験のススメ」平凡社　2014年6月

「コンピュータ技術者になるには」ぺりかん社　2010年11月

職業、仕事を知る

「スピード勝負!夏の競技 1 (車椅子バスケットボール・水泳ほか)─まるわかり!パラリンピック」文研出版 2014年11月

「わたし×IT=最強説:女子&ジェンダーマイノリティがITで活躍するための手引書」リトルモア 2023年9月

「技術の街道をゆく」岩波書店(岩波新書 新赤版) 2018年1月

「技術者という生き方─発見!しごと偉人伝」ぺりかん社 2012年3月

「航空宇宙エンジニアになるには─なるにはBOOKS;159」ぺりかん社 2023年1月

「職場体験完全ガイド 13」ポプラ社 2010年3月

「職場体験完全ガイド 15」ポプラ社 2010年3月

「職場体験完全ガイド 49」ポプラ社 2016年4月

「職場体験完全ガイド 55」ポプラ社 2017年4月

「世界を驚かせた女性の物語 [2]」旬報社 2020年1月

「平賀源内:「非常の人」の生涯」平凡社(平凡社新書) 2020年7月

「理系のための法律入門:デキる社会人に不可欠な知識と倫理 第2版」講談社(ブルーバックス) 2016年2月

エンジニア、技術者＞AIエンジニア

「AIエンジニアになるには─なるにはBOOKS;155」ぺりかん社 2020年7月

エンジニア、技術者＞ロボット開発者

「ミライの武器 = Strength of the Future :「夢中になれる」を見つける授業」サンクチュアリ出版 (sanctuary books) 2021年5月

「自分がえらんだはたらき方:お仕事ノンフィクション 1」岩崎書店 2023年8月

演出家

「職場体験完全ガイド 47」ポプラ社 2016年4月

音響スタッフ

「イベントの仕事で働く─なるにはBOOKS;補巻17」ぺりかん社 2015年4月

ガイド、案内人

「NHKプロフェッショナル仕事の流儀 7」ポプラ社 2018年4月

「アウトドアで働く─なるにはBOOKS;補巻16」ぺりかん社 2015年2月

「キャリア教育支援ガイドお仕事ナビ 16」理論社 2018年7月

職業、仕事を知る

「トラブル回避!中・高生のための法律ガイドブック」日本加除出版 2010年11月

「ぼくの仕事場は富士山です―世の中への扉」講談社 2011年7月

「観光ガイドになるには―なるにはBOOKS；142」ぺりかん社 2015年8月

「私の職場はサバンナです!―14歳の世渡り術」河出書房新社 2023年5月

「職場体験完全ガイド 29」ポプラ社 2012年3月

「職場体験完全ガイド 43」ポプラ社 2015年4月

「職場体験完全ガイド 51」ポプラ社 2017年4月

科学者、学者、技術者＞医学者

「インフルエンザウイルスを発見した日本人」岩波書店（岩波科学ライブラリー） 2023年8月

「まぼろしのノーベル賞山極勝三郎の生涯」国土社 2012年3月

「医師という生き方―発見!しごと偉人伝」ぺりかん社 2010年9月

「山はむらさき 新装版」新潟日報事業社 2010年8月

科学者、学者、技術者＞科学者、学者、技術者一般

「「スパコン富岳」後の日本：科学技術立国は復活できるか」中央公論新社（中公新書ラクレ）
2021年3月

「アルベルト・アインシュタイン ＝ Albert Einstein：相対性理論を生み出した科学者：物理学者
〈ドイツ→スイス→アメリカ〉―ちくま評伝シリーズ〈ポルトレ〉」筑摩書房 2014年8月

「イルカを食べちゃダメですか？：科学者の追い込み漁体験記」光文社（光文社新書） 2010年
7月

「キュリー夫人の玉手箱 ＝ MARIE'S TEACHINGS：科学は素敵がいっぱい」東京書籍（ヤング
サイエンス選書） 2012年6月

「サイエンス異人伝：科学が残した「夢の痕跡」」講談社（ブルーバックス） 2015年3月

「ゼロからわかるブラックホール：時空を歪める暗黒天体が吸い込み、輝き、噴出するメカニズ
ム」講談社（ブルーバックス） 2011年6月

「ドキュメント遺伝子工学：巨大産業を生んだ天才たちの戦い」PHP研究所（PHPサイエンス・
ワールド新書） 2013年5月

「ナチ科学者を獲得せよ!：アメリカ極秘国家プロジェクトペーパークリップ作戦」太田出版（ヒス
トリカル・スタディーズ） 2015年9月

「ヒトは120歳まで生きられるのか：生命科学の最前線」文藝春秋（文春新書） 2019年10月

「ブレイクスルーの科学者たち」PHP研究所（PHP新書） 2010年4月

職業、仕事を知る

「マリ・キュリー = Marie Curie：放射能の研究に生涯をささげた科学者：科学者〈ポーランド〉──ちくま評伝シリーズ〈ポルトレ〉」筑摩書房　2015年10月

「マンガおはなし物理学史：物理学400年の流れを概観する」講談社（ブルーバックス）　2015年4月

「ようこそ、私の研究室へ：世界に誇る日本のサイエンスラボ21──Dis+cover science；4」ディスカヴァー・トゥエンティワン　2010年11月

「偉人たちの挑戦 4──サイエンス探究シリーズ」東京電機大学出版局　2022年7月

「嘘と絶望の生命科学」文藝春秋（文春新書）　2014年7月

「化学：美しい原理と恵み」丸善出版（サイエンス・パレット）　2014年3月

「化学で「透明人間」になれますか？：人類の夢をかなえる最新研究15」光文社（光文社新書）　2014年12月

「科学と文学」KADOKAWA（角川ソフィア文庫）　2020年7月

「科学の困ったウラ事情」岩波書店（岩波科学ライブラリー）　2016年2月

「科学の最前線を切りひらく！」筑摩書房（ちくまプリマー新書）　2020年3月

「科学研究とデータのからくり：日本は不正が多すぎる！」PHP研究所（PHP新書）　2015年10月

「科学史人物事典：150のエピソードが語る天才たち」中央公論新社（中公新書）　2013年2月

「科学者が人間であること」岩波書店（岩波新書 新赤版）　2013年8月

「科学者が読み解く日本建国史：古事記・日本書紀の真意に迫る」PHP研究所（PHP新書）　2014年9月

「科学者としての宮沢賢治」平凡社（平凡社新書）　2010年7月

「科学者と軍事研究」岩波書店（岩波新書 新赤版）　2017年12月

「科学者と戦争」岩波書店（岩波新書 新赤版）　2016年6月

「科学者になりたい君へ──14歳の世渡り術」河出書房新社　2020年10月

「科学者の社会的責任」岩波書店（岩波科学ライブラリー）　2018年11月

「科学者の目、科学の芽」岩波書店（岩波科学ライブラリー）　2016年4月

「科学者の卵たちに贈る言葉：江上不二夫が伝えたかったこと」岩波書店（岩波科学ライブラリー）　2013年7月

「科学者はなぜ神を信じるのか：コペルニクスからホーキングまで」講談社（ブルーバックス）2018年6月

「学術研究者になるには：人文・社会科学系 改訂版──なるにはbooks」ぺりかん社　2010年1月

職業、仕事を知る

「企業研究者のための人生設計ガイド：進学・留学・就職から自己啓発・転職・リストラ対策まで」講談社(ブルーバックス)　2020年1月

「協力と罰の生物学」岩波書店(岩波科学ライブラリー)　2014年5月

「決着!恐竜絶滅論争」岩波書店(岩波科学ライブラリー)　2011年11月

「研究するって面白い!：科学者になった11人の物語」岩波書店(岩波ジュニア新書)　2016年10月

「研究を深める5つの問い：「科学」の転換期における研究者思考」講談社(ブルーバックス)　2015年4月

「研究者としてうまくやっていくには：組織の力を研究に活かす」講談社(ブルーバックス)　2015年12月

「研究不正：科学者の捏造、改竄、盗用」中央公論新社(中公新書)　2016年4月

「原発とどう向き合うか：科学者たちの対話2011〜'14」新潮社(新潮新書)　2014年8月

「江戸の科学者：西洋に挑んだ異才列伝」平凡社(平凡社新書)　2018年4月

「新薬に挑んだ日本人科学者たち：世界の患者を救った創薬の物語」講談社(ブルーバックス)　2013年9月

「深層学習の原理に迫る：数学の挑戦」岩波書店(岩波科学ライブラリー)　2021年4月

「人物で語る化学入門」岩波書店(岩波新書 新赤版)　2010年3月

「世界を救った日本の薬：画期的新薬はいかにして生まれたのか?」講談社(ブルーバックス)　2018年3月

「生命科学の静かなる革命」集英社インターナショナル(インターナショナル新書)　2017年1月

「探究する精神：職業としての基礎科学」幻冬舎(幻冬舎新書)　2021年3月

「天才たちの科学史：発見にかくされた虚像と実像」平凡社(平凡社新書)　2011年5月

「東大博士が語る理系という生き方」PHP研究所(PHPサイエンス・ワールド新書)　2010年10月

「二重らせん：DNAの構造を発見した科学者の記録」講談社(ブルーバックス)　2012年11月

「博士漂流時代：「余った博士」はどうなるか?──Dis+cover science；5」ディスカヴァー・トゥエンティワン　2010年11月

「明日、機械がヒトになる：ルポ最新科学」講談社(講談社現代新書)　2016年5月

「理化学研究所：100年目の巨大研究機関」講談社(ブルーバックス)　2017年3月

「理系のための法律入門：デキる社会人に不可欠な知識と倫理 第2版」講談社(ブルーバックス)　2016年2月

「理系女性の人生設計ガイド：自分を生かす仕事と生き方」講談社(ブルーバックス)　2021年5月

職業、仕事を知る

科学者、学者、技術者＞経済学者

「経済学からなにを学ぶか：その500年の歩み」平凡社（平凡社新書）2015年3月

科学者、学者、技術者＞研究者

「「よく見る人」と「よく聴く人」：共生のためのコミュニケーション手法」岩波書店（岩波ジュニア新書）2023年9月

「「研究室」に行ってみた。」筑摩書房（ちくまプリマー新書）2014年12月

「10代からの「いのち学」：あるがん研究者のつぶやき」オフィスエム 2012年9月

「13歳からの研究倫理：知っておこう!科学の世界のルール」化学同人 2018年8月

「13歳からの世界征服」百万年書房 2019年10月

「iPS細胞の研究室：体のしくみから研究の未来まで」東京書籍 2020年4月

「NHKプロフェッショナル仕事の流儀 3」ポプラ社 2018年4月

「クジラの骨と僕らの未来―世界をカエル10代からの羅針盤」理論社 2021年7月

「この数学,いったいいつ使うことになるの?」共立出版 2019年5月

「バイオ技術者・研究者になるには―なるにはBOOKS 」ぺりかん社 2018年8月

「化学のしごと図鑑：きみの未来をさがしてみよう」化学同人 2019年3月

「化学技術者・研究者になるには―なるにはBOOKS；158」ぺりかん社 2022年3月

「化学者になるための本 = The book how to become a chemist」シーアンドアール研究所 2022年9月

「化石ハンター：恐竜少年じゃなかった僕はなぜ恐竜学者になったのか?―心の友だち」PHP研究所 2019年6月

「漢字ハカセ、研究者になる」岩波書店（岩波ジュニア新書）2022年3月

「空飛ぶ微生物ハンター」汐文社 2019年8月

「研究するって面白い!：科学者になった11人の物語」岩波書店（岩波ジュニア新書）2016年10月

「個性ハッケン!：50人が語る長所・短所 2.」ポプラ社 2018年9月

「高校生のための東大授業ライブ 熱血編」東京大学出版会 2010年3月

「山中伸弥先生に、人生とiPS細胞について聞いてみた：ふりがな付」講談社（講談社+α新書）2017年7月

「職場体験完全ガイド 56」ポプラ社 2018年4月

「人間を究める―スタディサプリ三賢人の学問探究ノート：今を生きる学問の最前線読本；1」ポプラ社 2020年3月

14

職業、仕事を知る

「生きものは不思議：最前線に立つ研究者15人の白熱!講義―14歳の世渡り術」河出書房新社　2023年2月

「生命を究める―スタディサプリ三賢人の学問探究ノート：今を生きる学問の最前線読本；3」ポプラ社　2020年3月

「先生、ウンチとれました：野生動物のウンチの中にある秘密」さ・え・ら書房　2019年9月

「大人になったらしたい仕事：「好き」を仕事にした35人の先輩たち」朝日学生新聞社　2017年9月

「大人になったらしたい仕事：「好き」を仕事にした35人の先輩たち 2」朝日学生新聞社　2018年10月

「大人になったらしたい仕事：「好き」を仕事にした35人の先輩たち 2」朝日学生新聞社　2018年10月

「理系学術研究者になるには―なるにはBOOKS；143」ぺりかん社　2016年2月

科学者、学者、技術者＞研究者＞企業研究者

「企業研究者のための人生設計ガイド：進学・留学・就職から自己啓発・転職・リストラ対策まで」講談社（ブルーバックス）　2020年1月

科学者、学者、技術者＞研究者＞ポストドクター（ポスドク）、博士研究員

「院生・ポスドクのための研究人生サバイバルガイド：「博士余り」時代を生き抜く処方箋」講談社（ブルーバックス）　2010年12月

科学者、学者、技術者＞考古学者

「ハワード・カーター：ツタンカーメン王の墓を発見した考古学者―集英社版・学習漫画. 世界の伝記next」集英社　2011年7月

「世界の発掘現場と冒険家たち：考古学ふしぎ図鑑」西村書店東京出版編集部　2013年6月

「生活を究める―スタディサプリ三賢人の学問探究ノート：今を生きる学問の最前線読本；5」ポプラ社　2021年3月

「博物館のバックヤードを探検しよう!：博物館のすごい裏側大図鑑」河出書房新社　2021年6月

科学者、学者、技術者＞儒学者

「横井小楠：明治維新の隠れた思想家：海舟と龍馬の師」蒼空社　2019年1月

科学者、学者、技術者＞植物学者

「雑草学のセンセイは「みちくさ研究家」」中央公論新社　2023年11月

職業、仕事を知る

科学者、学者、技術者＞心理学者

「高校生からのフロイト漫画講座」いそっぷ社　2014年4月

科学者、学者、技術者＞数学者

「「数学をする」ってどういうこと?」技術評論社　2021年5月

「とんでもなく役に立つ数学」朝日出版社　2011年3月

「はじめての解析学：微分、積分から量子力学まで」講談社（ブルーバックス）　2018年11月

「ラマヌジャン探検：天才数学者の奇蹟をめぐる」岩波書店（岩波科学ライブラリー）　2017年2月

「偉人たちの挑戦 1—サイエンス探究シリーズ」東京電機大学出版局　2022年2月

「一週間はなぜ7日になったのか：数学者も驚いた、人間の知恵と宇宙観」青春出版社（青春新書INTELLIGENCE）　2012年6月

「解析的整数論. 3」岩波書店　2023年2月

「確率のエッセンス：大数学者たちと魔法のテクニック」技術評論社（知りたい!サイエンス）　2013年12月

「学問の発見：数学者が語る「考えること・学ぶこと」」講談社（ブルーバックス）　2018年7月

「楽しむ数学10話 新版」岩波書店（岩波ジュニア新書）　2012年11月

「数学の広場 2（数のふしぎ）」日本図書センター　2013年7月

「数学ミステリーX教授を殺したのはだれだ!：容疑者はみんな数学者!?」講談社（ブルーバックス）　2015年11月

「数学者—世界をうごかした科学者たち」ほるぷ出版　2020年3月

「数学超絶難問：時代を超えて天才の頭脳に挑戦!」日本実業出版社　2014年6月

科学者、学者、技術者＞生物学者

「13歳からのレイチェル・カーソン」かもがわ出版　2021年5月

「AIとともに生きる未来 3」文溪堂　2020年3月

「クマムシ調査隊、南極を行く!」岩波書店（岩波ジュニア新書）　2019年6月

「レイチェル・カーソン＝Rachel Carson：『沈黙の春』で環境問題を訴えた生物学者：生物学者・作家〈アメリカ〉—ちくま評伝シリーズ〈ポルトレ〉」筑摩書房　2014年10月

「気がつけば動物学者三代」講談社　2018年7月

「職場体験完全ガイド 43」ポプラ社　2015年4月

「進化のからくり：現代のダーウィンたちの物語」講談社（ブルーバックス）　2020年2月

16

職業、仕事を知る

「世界を驚かせた女性の物語［2］」旬報社　2020年1月

「生きものは不思議：最前線に立つ研究者15人の白熱!講義—14歳の世渡り術」河出書房新社　2023年2月

「生命の始まりを探して僕は生物学者になった—14歳の世渡り術」河出書房新社　2016年7月

「超訳種の起源：生物はどのように進化してきたのか—tanQブックス；15. 14歳の教室」技術評論社　2012年4月

科学者、学者、技術者＞哲学者

「ヘーゲルとその時代」岩波書店（岩波新書 新赤版）　2013年11月

「宇宙はなぜ哲学の問題になるのか」筑摩書房（ちくまプリマー新書）　2019年8月

「永遠平和のために」集英社　2015年6月

「何のための「教養」か」筑摩書房（ちくまプリマー新書）　2019年7月

「観念説と観念論：イデアの近代哲学史」ナカニシヤ出版　2023年3月

「吉本隆明の下町の愉しみ：日々を味わう贅沢」青春出版社（青春新書INTELLIGENCE）2012年9月

「教養として学んでおきたい 現代哲学者10人」マイナビ出版（マイナビ新書）　2022年11月

「君に勇気を未来に光を賢者のことば」新星出版社　2019年7月

「高校生のための哲学・思想入門：哲学の名著セレクション」筑摩書房　2014年11月

「思想家の自伝を読む」平凡社（平凡社新書）　2010年7月

「若者よ、マルクスを読もう：20歳代の模索と情熱」角川学芸出版（角川ソフィア文庫）　2013年9月

「世界を驚かせた女性の物語［1］」旬報社　2020年1月

「西欧デモクラシーの哲学的伝統：アリストテレスにはじまる」工作舎　2023年12月

「哲学の方法—哲学がわかる」岩波書店　2023年1月

「哲学人生問答—17歳の特別教室」講談社　2019年10月

科学者、学者、技術者＞天文学者

「コペルニクス—よみがえる天才」筑摩書房（ちくまプリマー新書）　2020年12月

「ハッブル宇宙を広げた男」岩波書店（岩波ジュニア新書）　2016年8月

「偉人たちの挑戦 1—サイエンス探究シリーズ」東京電機大学出版局　2022年3月

「宇宙就職案内」筑摩書房（ちくまプリマー新書）　2012年5月

「完訳天球回転論：コペルニクス天文学集成」みすず書房　2023年1月

職業、仕事を知る

「人がつなげる科学の歴史 2」文溪堂　2010年2月

科学者、学者、技術者＞博物学者

「ニュートリノの夢」岩波書店(岩波ジュニア新書)　2010年1月

「ファーブル」ポプラ社(ポプラポケット文庫)　2010年8月

「平賀源内：「非常の人」の生涯」平凡社(平凡社新書)　2020年7月

科学者、学者、技術者＞物理学者

「2つの粒子で世界がわかる：量子力学から見た物質と力」講談社(ブルーバックス)　2019年5月

「アインシュタイン好奇心からすべて始まる―偉人のことば」PHP研究所　2014年3月

「アルベルト・アインシュタイン = Albert Einstein：相対性理論を生み出した科学者：物理学者〈ドイツ→スイス→アメリカ〉―ちくま評伝シリーズ〈ポルトレ〉」筑摩書房　2014年8月

「この人を見よ!歴史をつくった人びと伝 27 (湯川秀樹)」ポプラ社　2010年2月

「フィン・フォトンさんと量子力学」アグネ技術センター　2020年12月

「マンガおはなし物理学史：物理学400年の流れを概観する」講談社(ブルーバックス)　2015年4月

「偉人たちの挑戦 2―サイエンス探究シリーズ」東京電機大学出版局　2022年11月

「偉人たちの挑戦 3―サイエンス探究シリーズ」東京電機大学出版局　2022年7月

「科学という考え方：アインシュタインの宇宙」中央公論新社(中公新書)　2016年5月

「古代世界の超技術：あっと驚く「巨石文明」の智慧」講談社(ブルーバックス)　2023年12月

「古代日本の超技術：あっと驚く「古の匠」の智慧」講談社(ブルーバックス)　2023年12月

「寺田寅彦と物理学―日本の伝記：知のパイオニア」玉川大学出版部　2021年7月

「理系学術研究者になるには―なるにはBOOKS；143」ぺりかん社　2016年2月

科学者、学者、技術者＞民俗学者

「遠野物語へようこそ」筑摩書房(ちくまプリマー新書)　2010年1月

「宮本常一と民俗学―日本の伝記：知のパイオニア」玉川大学出版部　2021年9月

歌手

「フォークソングが教えてくれた」マイナビ出版(マイナビ新書)　2020年8月

「歌謡曲：時代を彩った歌たち」岩波書店(岩波新書 新赤版)　2011年2月

「現代人の伝記：人間てすばらしい、生きるってすばらしい 4」致知出版社　2010年7月

職業、仕事を知る

「職場体験完全ガイド 20」ポプラ社　2010年3月

「職場体験完全ガイド 50」ポプラ社　2016年4月

「大切なものほど、そばにある。：大人になる君に伝えたいこと」きずな出版　2016年1月

「木村カエラ─素顔のアーティスト」汐文社　2010年11月

カメラマン、写真家

「アウトドアで働く─なるにはBOOKS；補巻16」ぺりかん社　2015年2月

「いま生きているという冒険 増補新版」新曜社（よりみちパン!セ）　2019年5月

「キャパとゲルダ：ふたりの戦場カメラマン」あすなろ書房　2019年9月

「キャリア教育支援ガイドお仕事ナビ 21」理論社　2020年5月

「それでも美しい動物たち：亜南極からサバンナまで、写真で知る「生き方」のリアル」SBクリエイティブ（サイエンス・アイ新書）　2017年11月

「フクシマ：2011年3月11日から変わったくらし」国土社　2021年2月

「ぼくが写真家になった理由(わけ)：クジラに教えられたこと─Sphere books」シータス　2011年9月

「ぼくは戦場カメラマン」角川書店（角川つばさ文庫）　2012年2月

「ほたるの伝言」教育出版　2010年9月

「ホッキョクグマが教えてくれたこと：ぼくの北極探検3000キロメートル」ポプラ社（ポプラ社ノンフィクション）　2013年7月

「ロバート・キャパ：戦争の悲惨さを最前線で写したプロカメラマン─集英社版・学習漫画. 世界の伝記NEXT」集英社　2012年7月

「牛をかぶったカメラマン：キーアトン兄弟の物語」光村教育図書　2010年2月

「今森光彦ネイチャーフォト・ギャラリー四季を彩る小さな命・日本の昆虫」偕成社　2010年4月

「私、日本に住んでいます」岩波書店（岩波ジュニア新書）　2017年10月

「自分がえらんだはたらき方：お仕事ノンフィクション. 4」岩崎書店　2023年8月

「職場体験完全ガイド 25」ポプラ社　2011年3月

「職場体験完全ガイド 45」ポプラ社　2015年4月

「図解・カメラの歴史：ダゲールからデジカメの登場まで」講談社（ブルーバックス）　2012年8月

「静岡放送テレビ番組制作の舞台裏─このプロジェクトを追え!」佼成出版社　2014年10月

「素敵なオトナ図鑑 = Sutekinaotona visual dictionary：身近な素敵な大人を紹介する図鑑. Vol.3」AmazingAdventure 星雲社　2023年11月

職業、仕事を知る

「大人になったら何になる?：大好きなことを仕事にした人たちからあなたへのメッセージ」バベルプレス　2010年10月

「内戦の地に生きる：フォトグラファーが見た「いのち」」岩波書店(岩波ジュニア新書)　2019年4月

「報道カメラマンの課外授業：いっしょに考えよう、戦争のこと 1」童心社　2018年3月

「報道カメラマンの課外授業：いっしょに考えよう、戦争のこと 2」童心社　2018年3月

「報道カメラマンの課外授業：いっしょに考えよう、戦争のこと 3」童心社　2018年3月

「報道カメラマンの課外授業：いっしょに考えよう、戦争のこと 4」童心社　2018年3月

「僕らが学校に行く理由―生きかた」ポプラ社(ワイド版ポプラ社ノンフィクション)　2022年8月

「毎日新聞社記事づくりの現場―このプロジェクトを追え!」佼成出版社　2013年8月

カメラマン、写真家＞映像カメラマン

「映像技術者になるには―なるにはbooks；71」ぺりかん社　2010年5月

看護師

「「在宅医療」で働く人の一日―医療・福祉の仕事見る知るシリーズ」保育社　2018年10月

「キャリア教育支援ガイドお仕事ナビ 4」理論社　2015年2月

「クリニック・薬局で働く人たち：しごとの現場としくみがわかる!―しごと場見学!」ぺりかん社　2016年7月

「ナイチンゲール―よみがえる天才」筑摩書房(ちくまプリマー新書)　2023年7月

「フローレンス・ナイチンゲール」光村教育図書　2016年12月

「わたしたちはいのちの守人：三人の看護師・助産師の現場―世の中への扉」講談社　2014年6月

「医療・福祉・教育のしごと：人気の職業早わかり!」PHP研究所　2011年5月

「看護ってどんなしごと?」メディカ出版　2010年4月

「看護学部からの医学部再受験」エール出版社(Yell books)　2012年11月

「看護師という生き方」筑摩書房(ちくまプリマー新書)　2013年9月

「看護師になるには―なるにはBOOKS；13」ぺりかん社　2014年5月

「看護師の一日―医療・福祉の仕事見る知るシリーズ：10代の君の「知りたい」に答えます」保育社　2014年12月

「看護師の仕事につきたい!：命を救う看護のプロフェッショナル―教えて、先輩!私の職業シリーズ；4」中経出版　2011年7月

「個性ハッケン!：50人が語る長所・短所 5.」ポプラ社　2018年9月

職業、仕事を知る

「公式で解く!!看護医療福祉系小論文 改訂5版」エール出版社(Yell books) 2010年11月

「親愛なるナイチンゲール様：あなたが弱き者と共にあったように」合同出版 2019年6月

「病院で働く人たち：しごとの現場としくみがわかる! デジタルプリント版―しごと場見学!」ぺりかん社 2018年1月

看護師＞動物看護師

「動物看護師になるには 改訂版―なるにはBOOKS；90」ぺりかん社 2017年4月

監督

「栗山魂―14歳の世渡り術」河出書房新社 2017年3月

「野球と人生：最後に笑う「努力」の極意」青春出版社(青春新書INTELLIGENCE) 2019年11月

監督＞映画監督

「「映画」をつくった人：世界初の女性映画監督アリス・ギイ」汐文社 2019年7月

「14歳からの映画ガイド：世界の見え方が変わる100本―14歳の世渡り術」河出書房新社 2023年9月

「きみが世界を変えるなら[3]」ポプラ社 2016年7月

「キャリア教育支援ガイドお仕事ナビ 10」理論社 2016年3月

「ジョージ・ルーカス：「スター・ウォーズ」の生みの親」ポプラ社(ポプラ社ノンフィクション) 2015年11月

「プチ革命言葉の森を育てよう」岩波書店(岩波ジュニア新書) 2014年7月

「映画カントクは中学生!：映画「やぎの冒険」」汐文社 2012年1月

「黒澤明：日本映画の巨人：映画監督〈日本〉―ちくま評伝シリーズ〈ポルトレ〉」筑摩書房 2014年10月

「自分がえらんだはたらき方：お仕事ノンフィクション. 4」岩崎書店 2023年8月

「職場体験完全ガイド 40」ポプラ社 2014年4月

「新海誠の世界を旅する：光と色彩の魔術」平凡社(平凡社新書) 2019年7月

「童貞の教室―よりみちパン!セ；P054」イースト・プレス 2012年10月

管理栄養士

「「在宅医療」で働く人の一日―医療・福祉の仕事見る知るシリーズ」保育社 2018年10月

「いのちと向き合う仕事―漫画家たちが描いた仕事：プロフェッショナル」金の星社 2016年2月

職業、仕事を知る

「学校で働く人たち：しごとの現場としくみがわかる! デジタルプリント版—しごと場見学!」ぺりかん社　2018年1月

「管理栄養士・栄養士になるには—なるにはBOOKS；34」ぺりかん社　2013年1月

「管理栄養士の一日—医療・福祉の仕事見る知るシリーズ：10代の君の「知りたい」に答えます」保育社　2015年8月

「職場体験完全ガイド 41」ポプラ社　2015年4月

「保育園・幼稚園で働く人たち：しごとの現場としくみがわかる! デジタルプリント版—しごと場見学!」ぺりかん社　2018年1月

企画

「会社のしごと：会社の中にはどんな職種があるのかな? 3」ぺりかん社　2012年12月

記者、ライター

「13歳からのジャーナリスト：社会正義を求め世界を駆ける」かもがわ出版　2019年11月

「アウトドアで働く—なるにはBOOKS；補巻16」ぺりかん社　2015年2月

「キャリア教育支援ガイドお仕事ナビ 2」理論社　2014年10月

「ジャーナリストという仕事」岩波書店(岩波ジュニア新書)　2016年1月

「ドキュメント平成政治史. 4」岩波書店　2023年6月

「今さら聞けない科学の常識 3(聞くなら今でしょ!)」講談社(ブルーバックス)　2014年1月

「職場体験完全ガイド 17」ポプラ社　2010年3月

「職場体験完全ガイド 48」ポプラ社　2016年4月

「新聞は、あなたと世界をつなぐ窓：NIE教育に新聞を」汐文社　2014年11月

「新聞を読もう! 2(新聞づくりに挑戦!)」教育画劇　2012年4月

「新聞記者：現代史を記録する」筑摩書房(ちくまプリマー新書)　2013年9月

「新聞社・出版社で働く人たち：しごとの現場としくみがわかる!—しごと場見学!」ぺりかん社　2014年7月

「震災が教えてくれたこと：津波で家族3人を亡くした新聞記者の記録」朝日学生新聞社　2012年2月

「人に伝える仕事—漫画家たちが描いた仕事：プロフェッショナル」金の星社　2016年3月

「人生を切りひらいた女性たち：なりたい自分になろう! 2」教育画劇　2016年4月

「放送局で働く人たち：しごとの現場としくみがわかる! デジタルプリント版—しごと場見学!」ぺりかん社　2018年1月

「毎日新聞社記事づくりの現場—このプロジェクトを追え!」佼成出版社　2013年8月

職業、仕事を知る

気象予報士

「いま、この惑星で起きていること：気象予報士の眼に映る世界」岩波書店（岩波ジュニア新書）2022年7月

「シラー小伝」近代文藝社 2015年9月

「ふしぎなお天気のいろいろ：お天気キャスターが教える」repicbook 2021年9月

「気象予報士の一日―暮らしを支える仕事見る知るシリーズ：10代の君の「知りたい」に答えます」保育社 2022年1月

「職場体験完全ガイド 43」ポプラ社 2015年4月

「図解・気象学入門：原理からわかる雲・雨・気温・風・天気図」講談社（ブルーバックス）2011年3月

「天気の基本を知ろう!―天気でわかる四季のくらし；5」新日本出版社 2011年2月

「天気予報の大研究：自然がもっと身近になる!：役割・しくみから用語・天気図まで」PHP研究所 2011年9月

客室乗務員

「キャリア教育支援ガイドお仕事ナビ 9」理論社 2016年1月

「パイロットの一日―暮らしを支える仕事見る知るシリーズ」保育社 2020年12月

「客室乗務員になるには―なるにはBOOKS；2」ぺりかん社 2014年9月

「客室乗務員の誕生：「おもてなし」化する日本社会」岩波書店（岩波新書 新赤版）2020年2月

「空港で働く人たち：しごとの現場としくみがわかる! デジタルプリント版―しごと場見学!」ぺりかん社 2018年1月

「空港で働く人たち：しごとの現場としくみがわかる!―しごと場見学!」ぺりかん社 2013年3月

「空港の大研究：どんな機能や役割があるの?：滑走路のヒミツから遊べる施設まで」PHP研究所 2012年8月

「職場体験学習に行ってきました。：中学生が本物の「仕事」をやってみた! 8」学研教育出版 学研マーケティング（発売）2014年2月

「職場体験完全ガイド 19」ポプラ社 2010年3月

キャスター、アナウンサー

「キャスターという仕事」岩波書店（岩波新書 新赤版）2017年1月

「職場体験完全ガイド 25」ポプラ社 2011年3月

職業、仕事を知る

キャリア

「キャリア教育のウソ」筑摩書房（ちくまプリマー新書）　2013年6月

「女子のキャリア：〈男社会〉のしくみ、教えます」筑摩書房（ちくまプリマー新書）　2012年10月

キャリアデザイン

「16歳の仕事塾：高校生と親・先生のためのキャリアデザイン」中央経済社　2022年8月

「あなたのキャリアのつくり方：NPOを手がかりに」筑摩書房（ちくまプリマー新書）　2017年2月

「自分のことがわかる本：ポジティブ・アプローチで描く未来」岩波書店（岩波ジュニア新書）
2017年9月

「人生の頂点(ピーク)は定年後：サードエイジ＝「人生最良の時間」をどう迎えるか」青春出版社
（青春新書INTELLIGENCE）　2022年10月

救急救命士、救急隊員

「ドクターヘリの秘密：空飛ぶ救命救急室」彩流社　2018年7月

「救急救命士になるには―なるにはBOOKS 」ぺりかん社　2018年10月

「救急救命士の一日―医療・福祉の仕事見る知るシリーズ：10代の君の「知りたい」に答えます」保育社　2015年3月

「救命救急フライトドクター：攻めの医療で命を救え!」講談社　2011年7月

「個性ハッケン!：50人が語る長所・短所 5.」ポプラ社　2018年9月

「消防署図鑑」金の星社　2019年12月

「病院で働く人たち：しごとの現場としくみがわかる! デジタルプリント版―しごと場見学!」ぺりかん社　2018年1月

救助隊

「いのちを救う災害時医療―14歳の世渡り術」河出書房新社　2019年12月

救助隊＞山岳救助隊

「キャリア教育支援ガイドお仕事ナビ 8」理論社　2015年11月

救助隊＞特別救助隊、レスキュー隊

「ハイパーレスキュー災害現場へ走れ!―このプロジェクトを追え!」佼成出版社　2013年6月

「職場体験完全ガイド 32」ポプラ社　2013年4月

教育者、教育家

「あのころ、先生がいた。―よりみちパン!セ；P055」イースト・プレス　2012年11月

職業、仕事を知る

「しらべよう!47都道府県郷土の発展につくした先人 2」偕成社 2021年4月

「葦かびの萌えいずるごとく:若き日の自己発見」地湧社 2014年1月

「教育者という生き方―発見!しごと偉人伝」ぺりかん社 2012年10月

「元気がでる日本人100人のことば 2」ポプラ社 2012年3月

「高効率学習戦略:自分の夢を、つかみ取れ!」ブイツーソリューション 2012年1月

「自分がえらんだはたらき方:お仕事ノンフィクション. 3」岩崎書店 2023年8月

教師

「#教師のバトンとはなんだったのか:教師の発信と学校の未来」岩波書店(岩波ブックレット) 2021年12月

「「学び」という希望:震災後の教育を考える」岩波書店(岩波ブックレット) 2012年6月

「キャリア教育支援ガイドお仕事ナビ 14」理論社 2018年1月

「ゲッチョ先生のトンデモ昆虫記:セミチョコはいかが?―動物」ポプラ社(ポプラ社ノンフィクション) 2019年3月

「ジブン未来図鑑:職場体験完全ガイド+. 7」ポプラ社 2023年4月

「できちゃいました!フツーの学校」岩波書店(岩波ジュニア新書) 2020年7月

「ブラック化する学校:少子化なのに、なぜ先生は忙しくなったのか?」青春出版社(青春新書 INTELLIGENCE) 2017年2月

「ヤマ場をおさえる単元設計と評価課題・評価問題. 中学校理科」図書文化社 2023年11月

「ルポ大阪の教育改革とは何だったのか」岩波書店(岩波ブックレット) 2022年5月

「学校で働く人たち:しごとの現場としくみがわかる! デジタルプリント版―しごと場見学!」ぺりかん社 2018年1月

「学校のふしぎなぜ?どうして?」高橋書店 2020年6月

「学校の役割ってなんだろう」筑摩書房(ちくまプリマー新書) 2021年9月

「学校を改革する:学びの共同体の構想と実践」岩波書店(岩波ブックレット) 2012年7月

「教育幻想:クールティーチャー宣言」筑摩書房(ちくまプリマー新書) 2010年3月

「教師が育つ条件」岩波書店(岩波新書 新赤版) 2012年11月

「教師になるには [2017年度版]―教員採用試験シリーズ」一ツ橋書店 2015年10月

「教師になるには [2018年度版]―教員採用試験シリーズ」一ツ橋書店 2016年10月

「教師になるには [2019年度版]―教員採用試験シリーズ」一ツ橋書店 2018年1月

「教師になるには [2020年度版]―教員採用試験シリーズ」一ツ橋書店 2018年11月

「君へ、そして君のお母さんへ:教育と家庭の絆」サンパウロ 2019年12月

職業、仕事を知る

「高校生と考える希望のための教科書」左右社（桐光学園大学訪問授業） 2018年4月

「若き理科教師たちの実験室」東京書籍（ヤングサイエンス選書） 2013年5月

「小学校・中学校「撮って活用」授業ガイドブック：ふだん使いの1人1台端末・カメラ機能の授業活用」インプレス（Impress Teachers Learn） 2023年3月

「小学校教師になるには―なるにはbooks；29」ぺりかん社 2010年3月

「小学校教諭になるには―なるにはBOOKS；29」ぺりかん社 2021年3月

「職場体験完全ガイド 51」ポプラ社 2017年4月

「職場体験完全ガイド 57」ポプラ社 2018年4月

「新・大学でなにを学ぶか」岩波書店（岩波ジュニア新書） 2020年2月

「人に伝える仕事―漫画家たちが描いた仕事：プロフェッショナル」金の星社 2016年3月

「人生を切りひらいた女性たち：なりたい自分になろう！2」教育画劇 2016年4月

「先生！」岩波書店（岩波新書 新赤版） 2013年7月

「先生になろう！：セカンドステージでキャリアを生かす」マイナビ出版（マイナビ新書） 2019年2月

「素敵なオトナ図鑑 = Sutekinaotona visual dictionary：身近な素敵な大人を紹介する図鑑 Vol.2」AmazingAdventure 2022年11月

「大人はウザい！」筑摩書房（ちくまプリマー新書） 2010年4月

「短歌は最強アイテム：高校生活の悩みに効きます」岩波書店（岩波ジュニア新書） 2017年11月

「中学校・高校教師になるには―なるにはbooks；89」ぺりかん社 2012年2月

「調査報告学校の部活動と働き方改革：教師の意識と実態から考える」岩波書店（岩波ブックレット） 2018年11月

「特別支援学校教師になるには―なるにはbooks；66」ぺりかん社 2010年5月

「日本語教師になるには―なるにはBOOKS；84」ぺりかん社 2021年12月

「保育園・幼稚園で働く人たち：しごとの現場としくみがわかる！デジタルプリント版―しごと場見学！」ぺりかん社 2018年1月

「夢のお仕事さがし大図鑑：名作マンガで「すき！」を見つける 2」日本図書センター 2016年9月

「迷走する教員の働き方改革：変形労働時間制を考える」岩波書店（岩波ブックレット） 2020年3月

職業、仕事を知る

教師＞日本語教師

「職場体験学習に行ってきました。：中学生が本物の「仕事」をやってみた! 15」学研プラス　2016年2月

教師＞養護教諭

「3.11後の子どもと健康：保健室と地域に何ができるか」岩波書店（岩波ブックレット）　2017年7月

「保健師・助産師・養護教諭になるには」ぺりかん社　2011年10月

「保健師・養護教諭になるには―なるにはBOOKS；105」ぺりかん社　2017年5月

銀行員

「くらしを支える仕事―漫画家たちが描いた仕事：プロフェッショナル」金の星社　2016年3月

「銀行で働く人たち：しごとの現場としくみがわかる!―しごと場見学!」ぺりかん社　2016年3月

「銀行員になるには―なるにはBOOKS；140」ぺりかん社　2014年4月

「職場体験完全ガイド 18」ポプラ社　2010年3月

クリエイター

「すごいタイトル(秘)法則」青春出版社（青春新書INTELLIGENCE）　2022年5月

クリエイター＞イラストレーター

「イラストレーターになるには」ぺりかん社　2010年6月

「ジブン未来図鑑：職場体験完全ガイド+. 9」ポプラ社　2023年11月

「職場体験完全ガイド 48」ポプラ社　2016年4月

クリエイター＞映像クリエイター

「映像技術者になるには―なるにはbooks；71」ぺりかん社　2010年5月

クリエイター＞おもちゃクリエイター

「おもちゃクリエータになるには」ぺりかん社　2012年2月

「キャリア教育支援ガイドお仕事ナビ 26」理論社　2023年8月

クリエイター＞ゲームクリエイター

「キャリア教育支援ガイドお仕事ナビ 2」理論社　2014年10月

「ゲームと生きる!：楽しいが力になる 1」フレーベル館　2021年11月

「ゲーム業界で働く―なるにはBOOKS；補巻26」ぺりかん社　2020年6月

職業、仕事を知る

「ジブン未来図鑑：職場体験完全ガイド+ 5」ポプラ社　2023年3月

「職場体験完全ガイド 13」ポプラ社　2010年3月

「夢のお仕事さがし大図鑑：名作マンガで「すき!」を見つける 4」日本図書センター　2016年9月

クリエイター＞サウンドクリエイター

「ゲームと生きる!：楽しいが力になる 1」フレーベル館　2021年11月

「ゲームの仕事」ポプラ社（「好き」で見つける仕事ガイド）　2019年11月

クリエイター＞デザイナー

「NHKプロフェッショナル仕事の流儀 7」ポプラ社　2018年4月

「TOKYOオリンピックはじめて物語」小学館（小学館ジュニア文庫）　2019年6月

「キャラクターデザインの仕事：ハッピークリエーター★たかいよしかず」大日本図書　2012年2月

「キャリア教育支援ガイドお仕事ナビ 11」理論社　2017年7月

「ココとリトル・ブラック・ドレス」文化学園文化出版局　2016年3月

「バトルスピリッツコンプリートカタログ ＝ Battle Spirits Complete Catalog：バトルスピリッツ trading card game 4—Vジャンプブックス. バンダイ公式ガイド」集英社　2017年4月

「元気がでる日本人100人のことば 1」ポプラ社　2012年3月

「光が照らす未来：照明デザインの仕事」岩波書店（岩波ジュニア新書）　2010年10月

「光のメッセージ：日本から世界へ照明デザイナーの冒険」NHK出版（発売）　2023年3月

「職場体験完全ガイド 55」ポプラ社　2017年4月

「杉浦康平のデザイン」平凡社（平凡社新書）　2010年2月

「世界はデザインでできている」筑摩書房（ちくまプリマー新書）　2019年11月

「世界を変えるデザインの力 1（使う）」教育画劇　2013年2月

「大人になったらしたい仕事：「好き」を仕事にした35人の先輩たち」朝日学生新聞社　2017年9月

「日本のデザイン：美意識がつくる未来」岩波書店（岩波新書 新赤版）　2011年10月

「美術館・博物館で働く人たち：しごとの現場としくみがわかる! デジタルプリント版—しごと場見学!」ぺりかん社　2018年1月

「本は、これから」岩波書店（岩波新書 新赤版）　2010年11月

「本を味方につける本：自分が変わる読書術—14歳の世渡り術」河出書房新社　2012年7月

職業、仕事を知る

クリエイター＞デザイナー＞グラフィックデザイナー

「キャリア教育支援ガイドお仕事ナビ 2」理論社　2014年10月

「ゲーム業界で働く─なるにはBOOKS；補巻26」ぺりかん社　2020年6月

クリエイター＞デザイナー＞ファッションデザイナー

「ココ・シャネル ＝ Coco Chanel：20世紀ファッションの創造者：ファッションデザイナー〈フランス〉─ちくま評伝シリーズ〈ポルトレ〉」筑摩書房　2014年11月

「ジブン未来図鑑：職場体験完全ガイド+ 3」ポプラ社　2022年4月

「世界を驚かせた女性の物語 [3]」旬報社　2020年1月

経営者、社長、起業家

「14歳のキミに贈る起業家という激烈バカの生き方：負けろ!敗北が人生を変え新世界を創るから」ごま書房新社　2019年8月

「いずれ起業したいな、と思っているきみに17歳からのスタートアップの授業アントレプレナー列伝：エンジェル投資家は、起業家のどこを見ているのか?─BOW BOOKS；020」BOW&PARTNERS 中央経済グループパブリッシング　2023年10月

「ファッションの仕事で世界を変える：エシカル・ビジネスによる社会貢献」筑摩書房（ちくまプリマー新書）　2021年9月

「マルガレーテ・シュタイフ物語：テディベア、それは永遠の友だち」ポプラ社（ポプラ社ノンフィクション）　2011年6月

「会社のしごと：会社の中にはどんな職種があるのかな? 6」ぺりかん社　2014年5月

「渋沢栄一：社会企業家の先駆者」岩波書店（岩波新書 新赤版）　2011年7月

「渋沢栄一：変わり身の早さと未来を見抜く眼力」平凡社（平凡社新書）　2020年11月

「素敵なオトナ図鑑 ＝ Sutekinaotona visual dictionary：身近な素敵な大人を紹介する図鑑 Vol.2」AmazingAdventure　2022年11月

「東南アジアで働く─なるにはBOOKS；補巻18」ぺりかん社　2017年12月

「平賀源内：「非常の人」の生涯」平凡社（平凡社新書）　2020年7月

経営者、社長、起業家＞社会起業家

「社会起業家になるには─なるにはBOOKS；138」ぺりかん社　2013年9月

経営、商売＞起業

「いずれ起業したいな、と思っているきみに17歳からのスタートアップの授業：アントレプレナー入門エンジェル投資家からの10の講義─BOW BOOKS；019」BOW&PARTNERS 中央経済グループパブリッシング　2023年8月

職業、仕事を知る

「いずれ起業したいな、と思っているきみに17歳からのスタートアップの授業アントレプレナー列伝：エンジェル投資家は、起業家のどこを見ているのか?—BOW BOOKS ; 020」BOW&PARTNERS 中央経済グループパブリッシング　2023年10月

「ファッションの仕事で世界を変える：エシカル・ビジネスによる社会貢献」筑摩書房（ちくまプリマー新書）　2021年9月

「会社に頼らず生きるために知っておくべきお金のこと」サンクチュアリ出版（sanctuary books）　2011年11月

「起業家になりたい!：自分でつくる未来の仕事. [1]」保育社　2023年11月

「起業家になりたい!：自分でつくる未来の仕事. [2]」保育社　2023年10月

「起業家になりたい!：自分でつくる未来の仕事. [3]」保育社　2023年8月

「君たち中学生・高校生が学ぶ会計」ロギカ書房　2023年6月

経営、商売＞起業＞スタートアップ

「いずれ起業したいな、と思っているきみに17歳からのスタートアップの授業：アントレプレナー入門エンジェル投資家からの10の講義—BOW BOOKS ; 019」BOW&PARTNERS 中央経済グループパブリッシング　2023年8月

「いずれ起業したいな、と思っているきみに17歳からのスタートアップの授業アントレプレナー列伝：エンジェル投資家は、起業家のどこを見ているのか?—BOW BOOKS ; 020」BOW&PARTNERS 中央経済グループパブリッシング　2023年10月

経営、商売＞雇用＞非正規雇用

「官製ワーキングプアの女性たち：あなたを支える人たちのリアル」岩波書店（岩波ブックレット）　2020年9月

「非正規公務員という問題：問われる公共サービスのあり方」岩波書店（岩波ブックレット）2013年5月

警察官

「警察官になるには—なるにはBOOKS ; 48」ぺりかん社　2023年12月

「小説・マンガで見つける!すてきな仕事 2」学研教育出版　2015年2月

警察官＞刑事

「ニッポンの刑事たち—世の中への扉」講談社　2016年5月

芸者、芸妓

「芸者と遊び：日本的サロン文化の盛衰」KADOKAWA（角川ソフィア文庫）　2016年12月

職業、仕事を知る

芸術家

「10代のための座右の銘：今を変える未来を変える」大泉書店　2015年9月

「よみがえった奇跡の紅型」あすなろ書房　2019年11月

「岡本太郎：「芸術は爆発だ」。天才を育んだ家族の物語：芸術家〈日本〉―ちくま評伝シリーズ〈ポルトレ〉」筑摩書房　2014年12月

「職場体験完全ガイド 40」ポプラ社　2014年4月

「職場体験完全ガイド 50」ポプラ社　2016年4月

「世界を驚かせた女性の物語 [3]」旬報社　2020年1月

「夢のお仕事さがし大図鑑：名作マンガで「すき!」を見つける 4」日本図書センター　2016年9月

芸術家＞音楽家

「きみに応援歌(エール)を古関裕而物語―14歳からの地図」講談社　2020年3月

「クラシック音楽の歴史」KADOKAWA (角川ソフィア文庫)　2017年9月

「シューマン―マンガ音楽家ストーリー；6」ドレミ楽譜出版社　2013年10月

「ショパン：ピアノは歌うぼくの心を―音楽家ものがたり」音楽之友社　2020年10月

「ドヴォルジャーク：その人と音楽・祖国」冨山房インターナショナル　2018年9月

「バイエル―マンガ音楽家ストーリー；8」ドレミ楽譜出版社　2014年10月

「マリア・フォン・トラップ ＝ MARIA VON TRAPP：愛と歌声で世界を感動させた家族合唱団の母―集英社版・学習漫画. 世界の伝記next」集英社　2012年3月

「ものがたり西洋音楽史」岩波書店 (岩波ジュニア新書)　2019年3月

「音楽が楽しくなる―学校では教えてくれない大切なこと；30」旺文社　2020年7月

「音楽ってなんだろう？：知れば知るほど楽しくなる―中学生の質問箱」平凡社　2019年12月

「音楽で生きる方法：高校生からの音大受験、留学、仕事と将来」青弓社　2020年11月

「音楽に自然を聴く」平凡社 (平凡社新書)　2016年4月

「音楽のあゆみと音の不思議 3」大月書店　2019年3月

「音楽の革命児ワーグナー 新版」復刊ドットコム　2018年6月

「音楽家とネコたち」ポトス出版　2016年5月

「音楽家をめざす人へ」筑摩書房 (ちくまプリマー新書)　2011年8月

「教養として学んでおきたいクラシック音楽」マイナビ出版 (マイナビ新書)　2022年3月

「君に届け!希望のトランペット」潮出版社 (潮ジュニア文庫)　2019年9月

職業、仕事を知る

「個性ハッケン！：50人が語る長所・短所 3.」ポプラ社　2018年9月

「世界にひびくバイオリン—あいちの偉人：12の話；1」愛知県教育振興会　2013年6月

「必ず役立つ吹奏楽ハンドブック アンサンブル編」ヤマハミュージックメディア　2013年11月

「必ず役立つ吹奏楽ハンドブック ジャズ&ポップス編」ヤマハミュージックメディア　2014年2月

芸術家＞音楽家＞作詞家

「歌謡曲：時代を彩った歌たち」岩波書店（岩波新書 新赤版）　2011年2月

芸術家＞音楽家＞作曲家

「101人が選ぶ「とっておきの言葉」—14歳の世渡り術」河出書房新社　2017年1月

「オペラでわかるヨーロッパ史」平凡社（平凡社新書）　2015年12月

「きみが世界を変えるなら [3]」ポプラ社　2016年7月

「シューベルト = Franz Peter Schubert—マンガ音楽家ストーリー；5」ドレミ楽譜出版社　2012年11月

「バッハ：「音楽の父」の素顔と生涯」平凡社（平凡社新書）　2018年6月

「ブラームス—マンガ音楽家ストーリー；7」ドレミ楽譜出版社　2015年1月

「ぼく、ベートーヴェン：マンガで楽しむ偉大な作曲家のホントの話」カワイ出版　2021年4月

「モーツァルト—よみがえる天才」筑摩書房（ちくまプリマー新書）　2020年9月

「ものがたり西洋音楽史」岩波書店（岩波ジュニア新書）　2019年3月

「音楽家をめざす人へ」筑摩書房（ちくまプリマー新書）　2011年8月

「歌謡曲：時代を彩った歌たち」岩波書店（岩波新書 新赤版）　2011年2月

「感動がいっぱい！音楽の伝記：ショパン モーツァルト ベートーヴェン チャイコフスキー ブルクミュラー—キラかわ★ガール. マンガ+読み物の新伝記シリーズ」ナツメ社　2017年4月

「教科書にでてくる音楽家の伝記」講談社　2017年1月

「作曲家のおはなし 改訂版—ミッキーといっしょ」ヤマハミュージックメディア　2010年10月

「頭のいい子が育つクラシックの名曲45選」新星出版社　2015年12月

「必ず役立つ吹奏楽ハンドブック マーチ編」ヤマハミュージックメディア　2013年12月

「武満徹：現代音楽で世界をリードした作曲家：作曲家〈日本〉—ちくま評伝シリーズ〈ポルトレ〉」筑摩書房　2016年1月

芸術家＞音楽家＞指揮者

「職場体験完全ガイド 50」ポプラ社　2016年4月

「人に伝える仕事—漫画家たちが描いた仕事：プロフェッショナル」金の星社　2016年3月

職業、仕事を知る

芸術家＞音楽家＞バイオリニスト

「NHKプロフェッショナル仕事の流儀 7」ポプラ社　2018年4月

芸術家＞音楽家＞ピアニスト

「ショパン：花束の中に隠された大砲」岩波書店（岩波ジュニア新書）　2010年9月

「ピアノテクニック12か月：脱力のタッチのために 改訂版―原田敦子基礎テクニック・12か月」ヤマハミュージックエンタテインメントホールディングスミュージックメディア部　2021年12月

「ピアノはともだち：奇跡のピアニスト辻井伸行の秘密」講談社（講談社青い鳥文庫）　2016年7月

「ピアノはともだち：奇跡のピアニスト辻井伸行の秘密―世の中への扉」講談社　2011年4月

「マスコミ芸能創作のしごと：人気の職業早わかり!」PHP研究所　2011年6月

「音階の練習12か月：うたう指づくり 改訂2版―原田敦子基礎テクニック・12か月」ヤマハミュージックエンタテインメントホールディングスミュージックメディア部　2021年9月

「元気がでる日本人100人のことば 3」ポプラ社　2012年3月

芸術家＞画家

「かべ：鉄のカーテンのむこうに育って」BL出版　2010年11月

「ゴヤ闇との対話―イメージの森のなかへ」二玄社　2010年3月

「ピーテル・ブリューゲル―Rikuyosha Children & YA Books. 世界の名画：巨匠と作品」六耀社　2016年7月

「ピカソはぼくの親友なんだ」六耀社　2011年2月

「フィンセント・ファン・ゴッホ―Rikuyosha Children & YA Books. 世界の名画：巨匠と作品」六耀社　2016年10月

「フランシスコ・ゴヤ―Rikuyosha Children & YA Books. 世界の名画：巨匠と作品」六耀社　2016年8月

「フリーダ・カーロ＝Frida Kahlo：悲劇と情熱に生きた芸術家の生涯：画家〈メキシコ〉―ちくま評伝シリーズ〈ポルトレ〉」筑摩書房　2015年10月

「ポール・セザンヌ―Rikuyosha Children & YA Books. 世界の名画：巨匠と作品」六耀社　2016年6月

「モダニズムって、なんだろう?―Rikuyosha Children & YA Books. 図鑑：はじめてであう世界の美術」六耀社　2017年12月

「ロマン主義って、なんだろう?―Rikuyosha Children & YA Books. 図鑑：はじめてであう世界の美術」六耀社　2017年8月

職業、仕事を知る

「印象派って、なんだろう?—Rikuyosha Children & YA Books. 図鑑：はじめてであう世界の美術」六耀社　2017年10月

「絵本画家天才たちが描いた妖精 = FAIRY WORLD OF ARTISTIC GENIUSES—ビジュアル選書」中経出版　2013年5月

「教科書に出てくる日本の画家 1」汐文社　2012年12月

「教科書に出てくる日本の画家 3」汐文社　2013年3月

「江戸のジャーナリスト葛飾北斎 = HOKUSAI,Journalist of the Edo Period」国土社　2021年5月

「写実主義って、なんだろう?—Rikuyosha Children & YA Books. 図鑑：はじめてであう世界の美術」六耀社　2017年9月

「若冲ぞうと出会った少年」国土社　2016年5月

「女性画家10の叫び」岩波書店（岩波ジュニア新書）　2013年7月

「色の魔術師：アンリ・マティスものがたり—RIKUYOSHA Children & YA Books」六耀社　2016年9月

「心のなかを描きたい!：色も形も自由なポスト印象主義—美術っておもしろい!；4」彩流社　2016年1月

「人生を切りひらいた女性たち：なりたい自分になろう! 3」教育画劇　2016年4月

「世界を驚かせた女性の物語 [3]」旬報社　2020年1月

「西洋美術史入門」筑摩書房（ちくまプリマー新書）　2012年2月

「西洋美術史入門 実践編」筑摩書房（ちくまプリマー新書）　2014年3月

「美術の進路相談：絵の仕事をするために、描き続ける方法」ポプラ社　2023年9月

「名画とあらすじでわかる!英雄とワルの世界史」青春出版社（青春新書INTELLIGENCE）　2015年2月

「名画とあらすじでわかる!旧約聖書」青春出版社（青春新書INTELLIGENCE）　2013年11月

「名画とあらすじでわかる!新約聖書」青春出版社（青春新書INTELLIGENCE）　2014年3月

「教科書に出てくる日本の画家 2」汐文社　2013年2月

芸術家＞書家、書道家

「自分がえらんだはたらき方：お仕事ノンフィクション. 4」岩崎書店　2023年8月

「上機嫌のすすめ」平凡社（平凡社新書）　2010年5月

芸術家＞彫刻家

「芸術ってどんなもの?：体験しよう!近代彫刻の歴史」大日本絵画　2014年

職業、仕事を知る

「世界を驚かせた女性の物語 [3]」旬報社　2020年1月

芸人

「自分がえらんだはたらき方：お仕事ノンフィクション. 2」岩崎書店　2023年8月

芸能人

「夢のつかみ方、挑戦し続ける力：元宝塚トップスターが伝える―14歳の世渡り術」河出書房
新社　2019年8月

芸能人＞タレント、アイドル

「AKB48、被災地へ行く」岩波書店（岩波ジュニア新書）　2015年10月

「アイドルになりたい!」筑摩書房（ちくまプリマー新書）　2017年4月

「ジブン未来図鑑：職場体験完全ガイド+ 4」ポプラ社　2022年4月

「しらべよう!はたらく犬たち 4」ポプラ社　2010年3月

「マスコミ芸能創作のしごと：人気の職業早わかり!」PHP研究所　2011年6月

「現代人の伝記：人間てすばらしい、生きるってすばらしい 5」致知出版社　2013年11月

「先生!」岩波書店（岩波新書 新赤版）　2013年7月

芸能人＞俳優、女優

「101人が選ぶ「とっておきの言葉」―14歳の世渡り術」河出書房新社　2017年1月

「ジブン未来図鑑：職場体験完全ガイド+ 4」ポプラ社　2022年4月

芸能人＞俳優、女優＞歌舞伎役者

「歌舞伎一年生：チケットの買い方から観劇心得まで」筑摩書房（ちくまプリマー新書）　2016
年8月

「教養として学んでおきたい歌舞伎」マイナビ出版（マイナビ新書）　2021年8月

警備員

「NHKタイムスクープハンター = Time Scoop Hunter：歴史の真実を探れ! Vol.5」ポプラ社
2015年4月

「警備員・セキュリティスタッフになるには―なるにはBOOKS；141」ぺりかん社　2015年6月

研究開発

「触感をつくる：《テクタイル》という考え方」岩波書店（岩波科学ライブラリー）　2011年12月

職業、仕事を知る

研究開発＞食品開発

「職場体験完全ガイド 31」ポプラ社　2013年4月

「人を幸せにする目からウロコ!研究」岩波書店（岩波ジュニア新書）　2014年1月

建築、インテリア関係＞インテリアコーディネーター

「インテリアコーディネーターの仕事につきたい! : ″心地よい住まい″を実現する喜び—教えて、先輩!私の職業シリーズ ; 3」中経出版　2011年5月

建築、インテリア関係＞CAD

「基礎から学ぶ機械製図 : 3Dプリンタを扱うための3D CAD製図法」SBクリエイティブ（サイエンス・アイ新書）　2016年1月

建築、インテリア関係＞建築家、建築士

「14歳からのケンチク学」彰国社　2015年4月

「NHKプロフェッショナル仕事の流儀 8」ポプラ社　2018年4月

「ガウディ—よみがえる天才 ; 6」筑摩書房（ちくまプリマー新書）　2021年3月

「キャリア教育支援ガイドお仕事ナビ 17」理論社　2018年9月

「ここちよさの建築—教養・文化シリーズ. NHK出版学びのきほん」NHK出版　2023年5月

「トラフの小さな都市計画 = TORAFU's Small City Planning—くうねるところにすむところ:家を伝える本シリーズ ; 29」平凡社　2012年5月

「絵でわかる建物の歴史 : 古代エジプトから現代の超高層ビル、未来の火星基地まで」エクスナレッジ　2020年4月

「境界をこえる—15歳の寺子屋」講談社　2012年4月

「建築という対話 : 僕はこうして家をつくる」筑摩書房（ちくまプリマー新書）　2017年5月

「建築の仕事につきたい! : 大切にしたい、日本のものづくりの心—教えて、先輩!私の職業シリーズ ; 1」中経出版　2011年2月

「建築家になりたい君へ—14歳の世渡り術」河出書房新社　2021年2月

「建築士の一日—暮らしを支える仕事見る知るシリーズ」保育社　2020年7月

「坂茂の家の作り方 = How to make Houses—くうねるところにすむところ : 家を伝える本シリーズ ; 30」平凡社　2013年3月

「小さな建築」岩波書店（岩波新書 新赤版）　2013年1月

「藤森照信の現代建築考」鹿島出版会　2023年8月

職業、仕事を知る

建築、インテリア関係＞建築技術者、土木技術者

「土木技術者になるには—なるにはBOOKS；157」ぺりかん社　2022年12月

建築、インテリア関係＞大工

「くらしを支える仕事—漫画家たちが描いた仕事：プロフェッショナル」金の星社　2016年3月

「ぼくは縄文大工：石斧でつくる丸木舟と小屋」平凡社（平凡社新書）　2020年9月

「家づくりにかかわる仕事：大工職人　畳職人　左官職人：マンガ—知りたい!なりたい!職業ガイド」ほるぷ出版　2010年2月

講師

「先生になろう!：セカンドステージでキャリアを生かす」マイナビ出版（マイナビ新書）　2019年2月

講師＞塾講師

「教育業界で働く—なるにはBOOKS；補巻25」ぺりかん社　2020年8月

講談師、浪曲師

「講談師・浪曲師になるには—なるにはBOOKS」ぺりかん社　2019年12月

「人生を豊かにしたい人のための講談」マイナビ出版（マイナビ新書）　2020年10月

広報

「キャリア教育支援ガイドお仕事ナビ 19」理論社　2019年2月

公務員

「公務員という仕事」筑摩書房（ちくまプリマー新書）　2020年7月

「公務員試験に絶対合格する勉強法：短期合格メソッド」エール出版社（Yell books）　2010年2月

「就職でトクする大学・損する大学ランキング ’12」エール出版社（Yell books）　2010年9月

公務員＞国際公務員

「国際公務員になるには—なるにはBOOKS；83」ぺりかん社　2020年11月

「国連で働く：世界を支える仕事」岩波書店（岩波ジュニア新書）　2023年10月

公務員＞国家公務員

「タガヤセ!日本：「農水省の白石さん」が農業の魅力教えます—14歳の世渡り術」河出書房新社　2022年7月

職業、仕事を知る

「公務員という仕事」筑摩書房（ちくまプリマー新書）2020年7月

「国家公務員になるには―なるにはBOOKS；20」ぺりかん社 2015年9月

公務員＞国家公務員＞外交官

「外交官になるには―なるにはBOOKS；23」ぺりかん社 2022年6月

「職場体験完全ガイド 11」ポプラ社 2010年3月

公務員＞国家公務員＞海上保安官

「安全を守る仕事：写真とイラストでよくわかる! 3（海上保安庁）」国土社 2010年3月

「海上保安官になるには」ぺりかん社 2011年10月

「海上保安庁の仕事につきたい!：日本の海を守るエキスパートの世界―教えて、先輩!私の職業シリーズ；2」中経出版 2011年2月

「高校生にも読んでほしい海の安全保障の授業：日本人が知らない南シナ海の大問題!」ワニブックス 2016年12月

「職場体験学習に行ってきました。：中学生が本物の「仕事」をやってみた! 3」学研教育出版 学研マーケティング（発売）2014年2月

「職場体験完全ガイド 11」ポプラ社 2010年3月

「船で働く人たち：しごとの現場としくみがわかる!―しごと場見学!」ぺりかん社 2013年3月

公務員＞国家公務員＞官僚

「政治のキホン100」岩波書店（岩波ジュニア新書）2014年9月

公務員＞国家公務員＞気象予報官

「気象予報士・予報官になるには―なるにはBOOKS；144」ぺりかん社 2016年6月

「日本気象協会気象予報の最前線―このプロジェクトを追え!」佼成出版社 2014年8月

公務員＞国家公務員＞検察官

「検察官になるには―なるにはBOOKS；130」ぺりかん社 2020年5月

「司法の現場で働きたい!：弁護士・裁判官・検察官」岩波書店（岩波ジュニア新書）2018年3月

「職場体験完全ガイド 32」ポプラ社 2013年4月

「弁護士・検察官・裁判官の一日―暮らしを支える仕事見る知るシリーズ」保育社 2019年10月

職業、仕事を知る

公務員＞国家公務員＞航空管制官

「カラー図解でわかる航空管制「超」入門：安全で正確な運航の舞台裏に迫る」SBクリエイティブ（サイエンス・アイ新書）　2014年5月

「空港の大研究：どんな機能や役割があるの？：滑走路のヒミツから遊べる施設まで」PHP研究所　2012年8月

「新しい航空管制の科学：宇宙から見守る「空の交通整理」」講談社（ブルーバックス）　2015年5月

「大人になったらしたい仕事：「好き」を仕事にした35人の先輩たち 2」朝日学生新聞社　2018年10月

公務員＞国家公務員＞裁判官

「ぼくらの時代の罪と罰：きみが選んだ死刑のスイッチ 増補新版」ミツイパブリッシング　2021年12月

「裁判官が答える裁判のギモン」岩波書店（岩波ブックレット）　2019年4月

「裁判官になるには―なるにはBOOKS；132」ぺりかん社　2020年12月

「裁判所ってどんなところ？：司法の仕組みがわかる本」筑摩書房（ちくまプリマー新書）　2016年11月

「司法の現場で働きたい！：弁護士・裁判官・検察官」岩波書店（岩波ジュニア新書）　2018年3月

「職場体験完全ガイド 11」ポプラ社　2010年3月

「池上彰さんと学ぶ12歳からの政治 4」学研プラス　2017年2月

「弁護士・検察官・裁判官の一日―暮らしを支える仕事見る知るシリーズ」保育社　2019年10月

「夢のお仕事さがし大図鑑：名作マンガで「すき!」を見つける 3」日本図書センター　2016年9月

公務員＞国家公務員＞自衛官

「自衛官になるには―なるにはBOOKS；114」ぺりかん社　2020年12月

公務員＞国家公務員＞自衛隊

「自衛隊の基礎知識と災害派遣。：この一冊で自衛隊の基本の基がわかります。：45分でわかる!―Magazine house 45 minutes series；#19」マガジンハウス　2011年10月

公務員＞国家公務員＞自然保護官

「自然保護レンジャーになるには―なるにはBOOKS；73」ぺりかん社　2016年10月

「職場体験完全ガイド 15」ポプラ社　2010年3月

職業、仕事を知る

公務員＞国家公務員＞食品衛生監視員

「魚市場で働く―なるにはBOOKS；補巻19」ぺりかん社　2017年12月

公務員＞地方公務員

「キャリア教育支援ガイドお仕事ナビ 22」理論社　2022年7月

「官製ワーキングプアの女性たち：あなたを支える人たちのリアル」岩波書店（岩波ブックレット）　2020年9月

「公務員という仕事」筑摩書房（ちくまプリマー新書）　2020年7月

「地方公務員になるには―なるにはBOOKS；65」ぺりかん社　2015年2月

「非正規公務員という問題：問われる公共サービスのあり方」岩波書店（岩波ブックレット）　2013年5月

国連職員

「国連で働く：世界を支える仕事」岩波書店（岩波ジュニア新書）　2023年10月

国会議員

「13歳からの税」かもがわ出版　2020年1月

「80センチに咲く花」池田書店　2010年6月

「きみがもし選挙に行くならば：息子と考える18歳選挙権」集英社　2016年5月

「よくわかる政治―世の中への扉」講談社　2010年8月

「議会を歴史する―歴史総合パートナーズ；2」清水書院　2018年8月

「議会制民主主義の活かし方：未来を選ぶために」岩波書店（岩波ジュニア新書）　2020年5月

「月別カレンダーで1からわかる!日本の政治」小峰書店　2021年12月

「自分がえらんだはたらき方：お仕事ノンフィクション．5」岩崎書店　2023年8月

「車いすで国会へ：全身マヒのALS議員：命あるかぎり道はひらかれる」子どもの未来社　2021年1月

「職場体験完全ガイド 11」ポプラ社　2010年3月

「池上彰さんと学ぶ12歳からの政治 3」学研プラス　2017年2月

「池上彰のみんなで考えよう18歳からの選挙 1（知れば知るほど面白い選挙）」文溪堂　2016年3月

「投票に行きたくなる国会の話」筑摩書房（ちくまプリマー新書）　2016年6月

「話したくなる世界の選挙：世界の選挙をのぞいてみよう」清水書院　2016年8月

職業、仕事を知る

コンサルタント＞環境コンサルタント

「環境専門家になるには─なるにはBOOKS；37」ぺりかん社　2021年6月

コンサルタント＞経営コンサルタント

「カジュアルダイニング葵─ヤング・エキスパート・シリーズ＝Young expert series；経営コンサルタント編」桜草書房　2019年1月

在宅勤務

「考えよう!女性活躍社会 1」汐文社　2017年2月

作家、脚本家

「〈読む〉という冒険：イギリス児童文学の森へ」岩波書店（岩波ジュニア新書）　2022年2月

「「ズルさ」のすすめ」青春出版社（青春新書INTELLIGENCE）　2014年12月

「「国語」から旅立って」新曜社（よりみちパン!セ）　2019年5月

「101人が選ぶ「とっておきの言葉」─14歳の世渡り術」河出書房新社　2017年1月

「10代の本棚：こんな本に出会いたい」岩波書店（岩波ジュニア新書）　2011年11月

「14歳からの映画ガイド：世界の見え方が変わる100本─14歳の世渡り術」河出書房新社　2023年9月

「イッキ読み!日本の天才偉人伝：日本をかえた天才たち─日能研クエスト：マルいアタマをもっとマルく!」講談社　2017年7月

「カレル・チャペック：小さな国の大きな作家」平凡社（平凡社新書）　2015年12月

「どうして、わたしはわたしなの?：トミ・ウンゲラーのすてきな人生哲学」現代書館　2021年2月

「なぜ私たちは理系を選んだのか：未来につながる〈理〉のチカラ」岩波書店（岩波ジュニアスタートブックス）　2021年5月

「ほかの誰も薦めなかったとしても今のうちに読んでおくべきだと思う本を紹介します。─14歳の世渡り術」河出書房新社　2012年5月

「マンガがあるじゃないか：わたしをつくったこの一冊─14歳の世渡り術」河出書房新社　2016年1月

「レイチェル・カーソン：いのちと地球を愛した人─ひかりをかかげて」日本キリスト教団出版局　2013年2月

「学校では教えてくれないゆかいな漢字の話─14歳の世渡り術」河出書房新社　2021年5月

「学校では教えてくれない人生を変える音楽─14歳の世渡り術」河出書房新社　2013年5月

「脚本家が教える読書感想文教室」主婦の友社　2020年7月

職業、仕事を知る

「泣いたあとは、新しい靴をはこう。：10代のどうでもよくない悩みに作家が言葉で向き合ってみた」ポプラ社　2019年12月

「元気がでる日本人100人のことば 2」ポプラ社　2012年3月

「元気がでる日本人100人のことば 3」ポプラ社　2012年3月

「元気がでる日本人100人のことば 5」ポプラ社　2012年3月

「香月流!幽雅な相談室：妖アパから人生まで」講談社（YA!ENTERTAINMENT）　2013年11月

「高校生のための人物に学ぶ日本の思想史—シリーズ・16歳からの教養講座」ミネルヴァ書房　2020年12月

「国語図説 新訂, 3訂版」京都書房　2014年1月

「作家たちの17歳」岩波書店（岩波ジュニア新書）　2022年4月

「作家のまんぷく帖」平凡社（平凡社新書）　2018年4月

「自分はバカかもしれないと思ったときに読む本—14歳の世渡り術」河出書房新社　2013年3月

「書きたいと思った日から始める!10代から目指すライトノベル作家」DBジャパン（ES BOOKS）　2021年11月

「書き出しは誘惑する：小説の楽しみ」岩波書店（岩波ジュニア新書）　2014年1月

「書こうとしない「かく」教室—MSLive!BOOKS」ミシマ社　2022年4月

「職場体験完全ガイド 25」ポプラ社　2011年3月

「職場体験完全ガイド 48」ポプラ社　2016年4月

「職場体験完全ガイド 60」ポプラ社　2018年4月

「森鷗外、自分を探す」岩波書店（岩波ジュニア新書）　2022年12月

「森鷗外—よみがえる天才」筑摩書房（ちくまプリマー新書）　2022年4月

「人生を切りひらいた女性たち：なりたい自分になろう! 3」教育画劇　2016年4月

「世界の文学名場面を読む」第三文明社（21C文庫）　2012年2月

「世界を変えた100人の女の子の物語：グッドナイトストーリーフォーレベルガールズ」河出書房新社　2018年3月

「折り紙学：起源から現代アートまで」今人舎　2017年5月

「先生!」岩波書店（岩波新書 新赤版）　2013年7月

「全国作家記念館ガイド」山川出版社　2019年3月

「村上春樹は、むずかしい」岩波書店（岩波新書 新赤版）　2015年12月

「長崎の文学 4訂新版」長崎県高等学校・特別支援学校教育研究会国語部会　2020年4月

「道しるべ—15歳の寺子屋」講談社　2012年6月

職業、仕事を知る

「日本文学の古典50選 改版」岩波書店(岩波ジュニア新書) 2013年2月

「表現を究める―スタディサプリ三賢人の学問探究ノート：今を生きる学問の最前線読本；4」ポプラ社 2021年3月

「物語もっと深読み教室」岩波書店(岩波ジュニア新書) 2013年3月

「物語ること、生きること」講談社 2013年10月

「物語ること、生きること」講談社(講談社青い鳥文庫) 2016年7月

「平安のステキな!女性作家たち」岩波書店(岩波ジュニア新書) 2023年10月

「僕ならこう読む」青春出版社(青春新書INTELLIGENCE) 2017年2月

「本について授業をはじめます―ちしきのもり」少年写真新聞社 2014年9月

「未来力養成教室」岩波書店(岩波ジュニア新書) 2013年7月

「夢と努力で世界を変えた17人：君はどう生きる?」PHP研究所 2015年2月

「夢活!なりたい!アニメの仕事 3」汐文社 2018年3月

「漱石のこころ：その哲学と文学」岩波書店(岩波新書 新赤版) 2016年12月

作家、脚本家＞絵本作家

「絵本作家になるには―なるにはBOOKS；139」ぺりかん社 2013年10月

飼育員

「アドベンチャーワールドパンダをふやせ!―このプロジェクトを追え!」佼成出版社 2015年1月

「キャリア教育支援ガイドお仕事ナビ 6」理論社 2015年9月

「しあわせ動物園：スゴイ飼育員の本当の話：ジュニア版―動物」ポプラ社(ポプラ社ノンフィクション) 2022年11月

「ジブン未来図鑑：職場体験完全ガイド+ 2」ポプラ社 2022年4月

「びっくり!マグロ大百科―世の中への扉」講談社 2016年11月

「ホッキョクグマの赤ちゃんを育てる!：円山動物園のねがい」ポプラ社(ポプラ社ノンフィクション) 2012年7月

「職場体験完全ガイド 28」ポプラ社 2012年3月

「水族館へ行こう!：おもしろいきものポケット図鑑」エムピージェー 2018年1月

「世界一のパンダファミリー：和歌山「アドベンチャーワールド」のパンダの大家族」講談社(講談社青い鳥文庫) 2017年7月

「大人になったらしたい仕事：「好き」を仕事にした35人の先輩たち」朝日学生新聞社 2017年9月

職業、仕事を知る

「動物の仕事をするには? 図書館版—マンガでわかるあこがれのお仕事」金の星社 2021年1月

「動物の仕事をするには?—マンガでわかるあこがれのお仕事」金の星社 2021年6月

「動物の死は、かなしい?：元動物園飼育係が伝える命のはなし—14歳の世渡り術」河出書房新社 2010年8月

「動物園・赤ちゃん誕生物語」集英社(集英社みらい文庫) 2016年12月

「動物園飼育員・水族館飼育員になるには—なるにはBOOKS ; 92」ぺりかん社 2017年1月

「動物飼育係・イルカの調教師になるには」ぺりかん社 2010年10月

「恋するペンギン：水族館でくらすドリーとぱく—長崎文献社絵物語シリーズ」長崎文献社 2019年12月

仕事一般

「「働くこと」を問い直す」岩波書店(岩波新書 新赤版) 2014年11月

「2025年のブロックチェーン革命：仕事、生活、働き方が変わる」青春出版社(青春新書 INTELLIGENCE) 2018年8月

「AI時代を生き残る仕事の新ルール」青春出版社(青春新書INTELLIGENCE) 2017年11月

「オタクを武器に生きていく—14歳の世渡り術」河出書房新社 2022年11月

「バカに見えるビジネス語」青春出版社(青春新書INTELLIGENCE) 2013年12月

「一流は、なぜシンプルな英単語で話すのか」青春出版社(青春新書INTELLIGENCE) 2016年3月

「子どもにかかわる仕事」岩波書店(岩波ジュニア新書) 2011年5月

「子どもを守る仕事」筑摩書房(ちくまプリマー新書) 2020年10月

「自己実現という罠：悪用される「内発的動機づけ」」平凡社(平凡社新書) 2018年5月

「社会を結びなおす：教育・仕事・家族の連携へ」岩波書店(岩波ブックレット) 2014年6月

「就活のまえに：良い仕事、良い職場とは?」筑摩書房(ちくまプリマー新書) 2010年1月

「小説・マンガで見つける!すてきな仕事 1」学研教育出版 2015年2月

「小説・マンガで見つける!すてきな仕事 2」学研教育出版 2015年2月

「小説・マンガで見つける!すてきな仕事 3」学研教育出版 2015年2月

「小説・マンガで見つける!すてきな仕事 4」学研教育出版 2015年2月

「小説・マンガで見つける!すてきな仕事 5」学研教育出版 2015年2月

「人が働くのはお金のためか」青春出版社(青春新書INTELLIGENCE) 2023年2月

職業、仕事を知る

「大人になったらしたい仕事：「好き」を仕事にした35人の先輩たち」朝日学生新聞社　2017年9月

「大人になったらしたい仕事：「好き」を仕事にした35人の先輩たち 2」朝日学生新聞社　2018年10月

「大人になったらしたい仕事：「好き」を仕事にした35人の先輩たち 3」朝日学生新聞社　2019年8月

「超リテラシー大全 = LITERACY ENCYCLOPEDIA」サンクチュアリ出版（sanctuary books）2021年7月

「林修の仕事原論」青春出版社（青春新書INTELLIGENCE）　2016年11月

司書、図書館員

「3万冊の本を救ったアリーヤさんの大作戦：図書館員の本当のお話」国書刊行会　2012年12月

「おもてなしの仕事―漫画家たちが描いた仕事：プロフェッショナル」金の星社　2016年3月

「キャリア教育支援ガイドお仕事ナビ 14」理論社　2018年1月

「ネット情報におぼれない学び方」岩波書店（岩波ジュニア新書）　2023年2月

「みんなでつくろう学校図書館」岩波書店（岩波ジュニア新書）　2012年1月

「学校で働く人たち：しごとの現場としくみがわかる! デジタルプリント版―しごと場見学!」ぺりかん社　2018年1月

「高校図書館デイズ：生徒と司書の本をめぐる語らい」筑摩書房（ちくまプリマー新書）　2017年6月

「司書になるには―なるにはBOOKS；19」ぺりかん社　2016年10月

「司書の一日―暮らしを支える仕事見る知るシリーズ：10代の君の「知りたい」に答えます」保育社　2022年7月

「子どもと働く―なるにはBOOKS；補巻14」ぺりかん社　2014年2月

「書店・図書館で働く人たち：しごとの現場としくみがわかる!―しごと場見学!」ぺりかん社　2016年4月

「職場体験学習に行ってきました。：中学生が本物の「仕事」をやってみた! 3」学研教育出版　学研マーケティング（発売）2014年2月

「職場体験完全ガイド 37」ポプラ社　2014年4月

「図書館図鑑」金の星社　2021年12月

「生きるための図書館：一人ひとりのために」岩波書店（岩波新書 新赤版）　2019年6月

「探究に役立つ!学校司書と学ぶレポート・論文作成ガイド―なるにはBOOKS」ぺりかん社　2019年11月

職業、仕事を知る

「読みたい心に火をつけろ！：学校図書館大活用術」岩波書店（岩波ジュニア新書）　2017年6月

詩人、歌人

「しびれる短歌」筑摩書房（ちくまプリマー新書）　2019年1月

「プチ革命言葉の森を育てよう」岩波書店（岩波ジュニア新書）　2014年7月

「マンガ若山牧水：自然と旅と酒を愛した国民的歌人」大正大学出版会　2018年8月

「一茶ものがたり：小林一茶と信州高山」歴史公園信州高山一茶ゆかりの里一茶館　2012年10月

「紀貫之と古今和歌集」ほるぷ出版（ビジュアルでつかむ！古典文学の作家たち）　2023年2月

「古典和歌入門」岩波書店（岩波ジュニア新書）　2014年6月

「行為の意味：青春前期のきみたちに」ごま書房新社　2010年7月

「短歌部、ただいま部員募集中！」岩波書店（岩波ジュニアスタートブックス）　2022年4月

「中原中也沈黙の音楽」岩波書店（岩波新書 新赤版）　2017年8月

「八木重吉のことば：こころよ、では行っておいで」理論社　2013年8月

「与謝野晶子：女性の自立と自由を高らかにうたった情熱の歌人─集英社版・学習漫画. 世界の伝記next」集英社　2011年12月

思想家

「「がんばらない」人生相談：南無そのまんま・そのまんま─14歳の世渡り術」河出書房新社　2014年6月

「ニーチェはこう考えた」筑摩書房（ちくまプリマー新書）　2010年11月

「みんなの論語塾─15歳の寺子屋」講談社　2010年9月

「思想家の自伝を読む」平凡社（平凡社新書）　2010年7月

「哲学のヒント」岩波書店（岩波新書 新赤版）　2013年2月

市長

「やらなきゃゼロ！：財政破綻した夕張を元気にする全国最年少市長の挑戦」岩波書店（岩波ジュニア新書）　2012年12月

児童指導員

「キャリア教育支援ガイドお仕事ナビ 3」理論社　2014年11月

「職場体験完全ガイド 46」ポプラ社　2016年4月

職業、仕事を知る

ジャーナリスト

「13歳からのジャーナリスト：社会正義を求め世界を駆ける」かもがわ出版　2019年11月

「ジャーナリストという仕事」岩波書店（岩波ジュニア新書）　2016年1月

「学校では教えてくれないお金の話—14歳の世渡り術」河出書房新社　2011年7月

「発信力の育てかた：ジャーナリストが教える「伝える」レッスン—14歳の世渡り術」河出書房新社　2015年9月

宗教家

「宗教家になるには—なるにはBOOKS；75」ぺりかん社　2014年4月

就職活動、就職

「「働く」ために必要なこと：就労不安定にならないために」筑摩書房（ちくまプリマー新書）2013年5月

「これを知らずに働けますか？：学生と考える、労働問題ソボクな疑問30」筑摩書房（ちくまプリマー新書）　2017年7月

「今からはじめる！就職へのレッスン—なるにはbooks；別巻」ぺりかん社　2011年10月

「就活とブラック企業：現代の若者の働きかた事情」岩波書店（岩波ブックレット）　2011年3月

「就活のまえに：良い仕事、良い職場とは？」筑摩書房（ちくまプリマー新書）　2010年1月

「就職でトクする大学・損する大学ランキング ’12」エール出版社（Yell books）　2010年9月

「就職とは何か：〈まともな働き方〉の条件」岩波書店（岩波新書 新赤版）　2011年11月

「先生は教えてくれない就活のトリセツ」筑摩書房（ちくまプリマー新書）　2018年7月

「知っておきたい！働く時のルールと権利—なるにはbooks；別巻」ぺりかん社　2010年4月

「働くための「話す・聞く」：コミュニケーション力って何？—なるにはBOOKS；別巻」ぺりかん社　2013年9月

「氷河期だけど大丈夫！人気企業内定作戦」エール出版社（Yell books）　2010年11月

修道女、修道士

「あなただけの人生をどう生きるか：若い人たちに遺した言葉」筑摩書房（ちくまプリマー新書）　2018年8月

「マザー・テレサ：あふれる愛」講談社（講談社青い鳥文庫）　2010年7月

「メンデルと遺伝—世界の伝記科学のパイオニア」玉川大学出版部　2016年5月

障害者と仕事

「障害者とともに働く」岩波書店（岩波ジュニア新書）　2020年10月

職業、仕事を知る

将棋棋士、囲碁棋士

「NHKプロフェッショナル仕事の流儀 8」ポプラ社　2018年4月

「キャリア教育支援ガイドお仕事ナビ 20」理論社　2019年3月

「マンガでおぼえる棒銀戦法」創元社　2011年6月

「個性ハッケン！：50人が語る長所・短所 4.」ポプラ社　2018年9月

「今日から将棋をはじめる：楽しさいろいろ発見！」金園社　2011年12月

「将棋」文溪堂　2020年2月

「将棋400年史」マイナビ出版（マイナビ新書）　2019年2月

「将棋教室 = SHOGI SCHOOL FOR LOVING KIDS―マンガでマスター」ポプラ社　2015年10月

「職場体験完全ガイド 54」ポプラ社　2017年4月

「藤井聡太の軌跡：400年に一人の天才はいかにして生まれたか」マイナビ出版（マイナビ新書）　2021年5月

消防士

「キャリア教育支援ガイドお仕事ナビ 8」理論社　2015年11月

「救急救命士の一日―医療・福祉の仕事見る知るシリーズ：10代の君の「知りたい」に答えます」保育社　2015年3月

「消防官になるには [2010年]―なるにはbooks；88」ぺりかん社　2010年8月

「消防官になるには―なるにはBOOKS」ぺりかん社　2019年8月

「消防官の一日―暮らしを支える仕事見る知るシリーズ」保育社　2019年8月

「消防署図鑑」金の星社　2019年12月

「東京消防庁芝消防署24時：すべては命を守るために」講談社　2013年7月

「夢のお仕事さがし大図鑑：名作マンガで「すき！」を見つける 3」日本図書センター　2016年9月

照明スタッフ

「イベントの仕事で働く―なるにはBOOKS；補巻17」ぺりかん社　2015年4月

職業ガイド

「あと20年でなくなる50の仕事」青春出版社（青春新書INTELLIGENCE）　2015年4月

「子どもにかかわる仕事」岩波書店（岩波ジュニア新書）　2011年5月

職業、仕事を知る

職人

「キャリア教育支援ガイドお仕事ナビ 23」理論社　2022年7月

「コーヒーの科学：「おいしさ」はどこで生まれるのか」講談社(ブルーバックス)　2016年2月

「ころんで起きてウッチリクブサー：琉球張り子の明日へ」国土社　2013年7月

「一流はなぜ「シューズ」にこだわるのか」青春出版社(青春新書INTELLIGENCE)　2016年8月

「巨大おけを絶やすな!：日本の食文化を未来へつなぐ」岩波書店(岩波ジュニア新書)　2023年1月

「工場の底力 1 (職人の手わざ)」かもがわ出版　2012年9月

「時をこえる仏像：修復師の仕事」筑摩書房(ちくまプリマー新書)　2011年12月

「辞書・事典のすべてがわかる本 3 (知れば知るほどおもしろい辞書・事典)」あすなろ書房　2016年2月

・「勝利のラケット―記録への挑戦；4」ポプラ社　2010年1月

「職場体験完全ガイド 12」ポプラ社　2010年3月

「職場体験完全ガイド 21」ポプラ社　2011年3月

「職場体験完全ガイド 44」ポプラ社　2015年4月

「先生!」岩波書店(岩波新書 新赤版)　2013年7月

「田中久重と技術―日本の伝記：知のパイオニア」玉川大学出版部　2021年10月

職人＞囲碁将棋盤職人

「キャリア教育支援ガイドお仕事ナビ 20」理論社　2019年3月

職人＞織物職人

「職場体験完全ガイド 21」ポプラ社　2011年3月

職人＞左官職人

「家づくりにかかわる仕事：大工職人 畳職人 左官職人：マンガ―知りたい!なりたい!職業ガイド」ほるぷ出版　2010年2月

職人＞たんす職人

「職場体験完全ガイド 36」ポプラ社　2014年4月

職人＞人形職人

「キャリア教育支援ガイドお仕事ナビ 23」理論社　2022年2月

49

職業、仕事を知る

職人＞花火職人

「職場体験完全ガイド 36」ポプラ社　2014年4月

職人＞板金職人

「職場体験完全ガイド 44」ポプラ社　2015年4月

職人＞パン職人

「NHKプロフェッショナル仕事の流儀 2」ポプラ社　2018年4月

「キャリア教育支援ガイドお仕事ナビ 1」理論社　2014年8月

「夢のお仕事さがし大図鑑：名作マンガで「すき!」を見つける 1」日本図書センター　2016年9月

職人＞やきもの職人、陶芸家

「職場体験学習に行ってきました。：中学生が本物の「仕事」をやってみた! 13」学研プラス
2016年2月

「職場体験完全ガイド 12」ポプラ社　2010年3月

職場・職業体験

「「現代型うつ」はサボりなのか」平凡社（平凡社新書）　2013年9月

助産師

「お母さんは命がけであなたを産みました：16歳のための、いのちの教科書」青春出版社
2011年12月

「キャリア教育支援ガイドお仕事ナビ 3」理論社　2014年11月

「わたしたちはいのちの守人：三人の看護師・助産師の現場—世の中への扉」講談社　2014
年6月

「国境なき助産師が行く：難民救助の活動から見えてきたこと」筑摩書房（ちくまプリマー新書）
　2018年10月

「助産師になるには—なるにはBOOKS；147」ぺりかん社　2017年8月

「助産師の一日—医療・福祉の仕事見る知るシリーズ：10代の君の「知りたい」に答えます」保
育社　2015年3月

「職場体験完全ガイド 22」ポプラ社　2011年3月

「尾木ママのいのちの授業 4」ポプラ社　2017年4月

「保健師・助産師・養護教諭になるには」ぺりかん社　2011年10月

50

職業、仕事を知る

人事

「会社のしごと：会社の中にはどんな職種があるのかな? 4」ぺりかん社　2013年5月

心理、精神関係＞カウンセラー

「「心」のお仕事：今日も誰かのそばに立つ24人の物語─14歳の世渡り術」河出書房新社　2021年10月

心理、精神関係＞カウンセラー＞スクールカウンセラー

「ジブン未来図鑑：職場体験完全ガイド+. 7」ポプラ社　2023年4月

「学校で働く人たち：しごとの現場としくみがわかる! デジタルプリント版─しごと場見学!」ぺりかん社　2018年1月

「職場体験完全ガイド 42」ポプラ社　2015年4月

心理、精神関係＞心理士、心理師

「「心」のお仕事：今日も誰かのそばに立つ24人の物語─14歳の世渡り術」河出書房新社　2021年10月

「10代のための生きるヒント：みんなとちがっても大丈夫!」シャスタインターナショナル　2019年12月

「あたらしいこころの国家資格「公認心理師」になるには ’16～’17年版」秀和システム　2016年3月

「公認心理師の一日─医療・福祉の仕事見る知るシリーズ」保育社　2019年9月

「高校生に知ってほしい心理学：どう役立つ?どう活かせる? 第2版」学文社　2019年7月

心理、精神関係＞精神保健福祉士

「社会福祉士・精神保健福祉士になるには─なるにはbooks ; 61」ぺりかん社　2011年3月

「社会福祉士・精神保健福祉士になるには─なるにはBOOKS ; 61」ぺりかん社　2021年6月

「精神保健福祉士の一日─医療・福祉の仕事見る知るシリーズ：10代の君の「知りたい」に答えます」保育社　2017年12月

スイーツプランナー

「スイーツの仕事」ポプラ社（「好き」で見つける仕事ガイド）　2019年3月

スポーツ関係＞アスリート、選手

「10代のための座右の銘：今を変える未来を変える」大泉書店　2015年9月

「アスリートたちの英語トレーニング術」岩波書店（岩波ジュニア新書）　2011年8月

職業、仕事を知る

「アスリートの科学：能力を極限まで引き出す秘密」講談社　2020年7月

「オリンピック パラリンピックのスゴイ話 ライバル・友情編」ポプラ社（ポプラポケット文庫）　2020年4月

「オリンピックヒーローたちの物語 ＝ Olympic Stories」ポプラ社（ポプラ社ノンフィクション）　2012年6月

「カーリング女子：チームと栄冠：本橋麻里・吉田知那美・鈴木夕湖・藤澤五月・吉田夕梨花―冬のアスリートたち」汐文社　2018年11月

「がんばれ!ニッポンの星オリンピックのスターたち」集英社（集英社みらい文庫）　2020年3月

「スポーツ名場面で考える白熱道徳教室 3」汐文社　2020年1月

「つくろう!食べよう!勝負ごはん：夢をかなえるスポーツ応援レシピ 1（からだをつくるごはんとおやつ）」日本図書センター　2015年12月

「つくろう!食べよう!勝負ごはん：夢をかなえるスポーツ応援レシピ 2（ちからをつけるごはんとおやつ）」日本図書センター　2016年1月

「つくろう!食べよう!勝負ごはん：夢をかなえるスポーツ応援レシピ 3（げんきになるごはんとおやつ）」日本図書センター　2016年2月

「なぜ私たちは理系を選んだのか：未来につながる〈理〉のチカラ」岩波書店（岩波ジュニアスタートブックス）　2021年5月

「みんなちがって、それでいい：パラ陸上から私が教わったこと―スポーツ」ポプラ社（ポプラ社ノンフィクション）　2018年8月

「ライフスキル・フィットネス：自立のためのスポーツ教育」岩波書店（岩波ジュニア新書）　2013年4月

「一流はなぜ「シューズ」にこだわるのか」青春出版社（青春新書INTELLIGENCE）　2016年8月

「義足でかがやく―世の中への扉」講談社　2016年3月

「泣き笑い!アスリート図鑑」池田書店　2019年9月

「元気がでる日本人100人のことば 4」ポプラ社　2012年3月

「個性ハッケン!：50人が語る長所・短所 1」ポプラ社　2018年9月

「自分を超える心とからだの使い方：ゾーンとモチベーションの脳科学」朝日新聞出版（朝日新書）　2021年6月

「女の子だって、野球はできる!：「好き」を続ける女性たち―スポーツ」ポプラ社（ポプラ社ノンフィクション）　2018年7月

「小さい選手が大きい選手に勝つためのバスケットボール・スキル」マイナビ出版　2020年6月

「職場体験完全ガイド 24」ポプラ社　2011年3月

「職場体験完全ガイド 27」ポプラ社 2012年3月

「職場体験完全ガイド 34」ポプラ社 2013年4月

「世界を驚かせた女性の物語 [4]」旬報社 2020年1月

「体操ニッポン男子―未来に羽ばたくオリンピックアスリートたち」汐文社 2020年3月

「大人も知らない!?スポーツの実は…」文響社 2020年7月

「中高生から知っておきたい「くすりの正しい使い方」:「うっかりドーピング」も理解できる!:ヘルスリテラシーを高めるために」薬事日報社 2020年10月

「日本女子レスリング―未来に羽ばたくオリンピックアスリートたち」汐文社 2020年1月

「負けない!:挑戦することは楽しいこと」ポプラ社(ポプラ社ノンフィクション) 2012年3月

「目でみるアスリートの図鑑 = The Visual Guide to Athlete」東京書籍 2021年8月

「歴史を変えた50人の女性アスリートたち」創元社 2019年4月

スポーツ関係＞アスリート、選手＞実業団選手

「スポーツで働く―なるにはBOOKS」ぺりかん社 2019年1月

スポーツ関係＞アスリート、選手＞プロゴルファー

「キャリア教育支援ガイドお仕事ナビ 5」理論社 2015年3月

「職場体験完全ガイド 24」ポプラ社 2011年3月

スポーツ関係＞アスリート、選手＞プロサッカー選手

「キャリア教育支援ガイドお仕事ナビ 5」理論社 2015年3月

「クリスティアーノ・ロナウド = C.RONALDO：ヒーローの夢がかなうとき」ポプラ社(ポプラ社ノンフィクション) 2014年5月

「ジブン未来図鑑：職場体験完全ガイド+ 6」ポプラ社 2023年4月

「ネイマール = Neymar：ピッチでくりだす魔法」ポプラ社(ポプラ社ノンフィクション) 2014年11月

「ハメス・ロドリゲス = J.RODORIGUEZ：世界にいどむニューヒーロー―スポーツ」ポプラ社(ポプラ社ノンフィクション) 2016年11月

「バロテッリ = Balotelli：黒い肌のイタリア人エース」ポプラ社(ポプラ社ノンフィクション) 2015年9月

「メッシ = MESSI：ハンデをのりこえた小さなヒーロー」ポプラ社(ポプラ社ノンフィクション) 2013年10月

「ワールドカップ：伝説を生んだヒーローたち」ポプラ社(ポプラ社ノンフィクション) 2014年4月

職業、仕事を知る

スポーツ関係＞アスリート、選手＞プロ野球選手

「「本当の才能」の引き出し方：野村の真髄」青春出版社（青春新書INTELLIGENCE）2015年1月

「NHKスポーツ大陸 松坂大輔・金本知憲・田中将大」金の星社 2010年11月

「NHKスポーツ大陸 野茂英雄・松井秀喜・小笠原道大」金の星社 2010年8月

「イチロー─侍メジャーリーガー列伝」汐文社 2015年1月

「きみは怪物を見たか：松井、松坂、斎藤、雄星甲子園のヒーローたちの感動物語─世の中への扉」講談社 2010年7月

「キャリア教育支援ガイドお仕事ナビ 5」理論社 2015年3月

「ジャッキー・ロビンソン：人種差別をのりこえたメジャーリーガー」汐文社 2013年10月

「すごいぞ!甲子園の大記録─世の中への扉」講談社 2016年7月

「ダルビッシュ有─侍メジャーリーガー列伝」汐文社 2015年1月

「できる!スポーツテクニック 1」ポプラ社 2010年3月

「できる!スポーツテクニック 2」ポプラ社 2010年3月

「プロ野球で1億円稼いだ男のお金の話」東京ニュース通信社 講談社（TOKYO NEWS BOOKS）2023年10月

「プロ野球勝ち続ける意識改革」青春出版社（青春新書INTELLIGENCE）2012年8月

「マンガでたのしくわかる!少年野球」西東社 2015年1月

「メジャーリーグのスゴイ話」ポプラ社（ポプラポケット文庫）2014年12月

「メジャーリーグのスゴイ話 図書館版─スポーツのスゴイ話；4」ポプラ社 2016年4月

「リアルジャイアンから悩める君たちへ─Marble books」マーブルトロン 2011年5月

「王先輩から清宮幸太郎まで早実野球部物語─世の中への扉」講談社 2018年3月

「期待はずれのドラフト1位：逆境からのそれぞれのリベンジ」岩波書店（岩波ジュニア新書）2016年10月

「栗山魂─14歳の世渡り術」河出書房新社 2017年3月

「孤独を怖れない力」青春出版社（青春新書INTELLIGENCE）2014年5月

「工藤公康の野球のススメ：GET SPORTS」朝日新聞出版 2014年7月

「高校球児に伝えたい!プロでも間違うバッテリーの基本」東邦出版 2015年8月

「高校野球のスゴイ話」ポプラ社（ポプラポケット文庫）2014年6月

「高校野球のスゴイ話 図書館版─スポーツのスゴイ話；2」ポプラ社 2016年4月

「私が選んだプロ野球10大「名プレー」」青春出版社（青春新書INTELLIGENCE）2014年9月

職業、仕事を知る

「松井秀喜：夢への扉を開け!―スポーツスーパースター伝；1」ベースボール・マガジン社
2010年8月

「打てるもんなら打ってみろ!―世の中への扉」講談社　2014年4月

「田中将大：夢への扉を開け!―スポーツスーパースター伝；5」ベースボール・マガジン社
2011年2月

「田中将大―侍メジャーリーガー列伝」汐文社　2015年1月

「野球と人生：最後に笑う「努力」の極意」青春出版社（青春新書INTELLIGENCE）　2019年11月

スポーツ関係＞アスリート、選手＞プロレスラー

「俺が戦った真に強かった男："ミスタープロレス"が初めて語る最強論」青春出版社（青春新書INTELLIGENCE）　2022年11月

スポーツ関係＞アスリート、選手＞力士

「一生懸命：相撲が教えてくれたこと」ポプラ社（ポプラ社ノンフィクション）　2012年12月

「俺が戦った真に強かった男："ミスタープロレス"が初めて語る最強論」青春出版社（青春新書INTELLIGENCE）　2022年11月

「現代人の伝記：人間てすばらしい、生きるってすばらしい 2」致知出版社　2010年7月

「大相撲の見かた」平凡社（平凡社新書）　2013年5月

スポーツ関係＞実況アナウンサー

「キャリア教育支援ガイドお仕事ナビ. 25」理論社　2023年12月

スポーツ関係＞スポーツ用品店店員

「スポーツで働く―なるにはBOOKS 」ぺりかん社　2019年1月

スポーツ関係＞スポーツライター

「スポーツで働く―なるにはBOOKS 」ぺりかん社　2019年1月

「東京五輪マラソンで日本がメダルを取るために必要なこと」ポプラ社（ポプラ選書. 未来へのトビラ）　2019年4月

スポーツ関係＞野球監督

「ジブン未来図鑑：職場体験完全ガイド+ 6」ポプラ社　2023年4月

整体、施術師＞柔道整復師

「柔道整復師の一日―医療・福祉の仕事見る知るシリーズ：10代の君の「知りたい」に答えます」保育社　2017年10月

職業、仕事を知る

整体、施術師＞美容整体師
「素敵なオトナ図鑑 = Sutekinaotona visual dictionary : 身近な素敵な大人を紹介する図鑑. Vol.3」AmazingAdventure 星雲社　2023年11月

青年海外協力隊
「青年海外協力隊員になるには―なるにはBOOKS；51」ぺりかん社　2013年4月

整備士
「キャリア教育支援ガイドお仕事ナビ 9」理論社　2016年1月

「空港で働く人たち：しごとの現場としくみがわかる!―しごと場見学!」ぺりかん社　2013年3月

「港で働く人たち：しごとの現場としくみがわかる!―しごと場見学!」ぺりかん社　2013年1月

「職場体験完全ガイド 49」ポプラ社　2016年4月

整備士＞航空整備士
「航空宇宙エンジニアになるには―なるにはBOOKS；159」ぺりかん社　2023年1月

「航空整備士になるには―なるにはBOOKS；161」ぺりかん社　2023年12月

整備士＞自動車整備士
「キャリア教育支援ガイドお仕事ナビ. 27」理論社　2023年8月

「自動車整備士になるには―なるにはBOOKS；25」ぺりかん社　2015年8月

声優
「10代から目指す!声優トレーニング最強BIBLE―TWJ BOOKS」トランスワールドジャパン　2013年10月

「アニメ業界で働く―なるにはBOOKS；補巻27」ぺりかん社　2021年11月

「いつかすべてが君の力になる―14歳の世渡り術」河出書房新社　2018年5月

「キミにもなれる!声優」つちや書店　2022年2月

「キャリア教育支援ガイドお仕事ナビ 10」理論社　2016年3月

「マスコミ芸能創作のしごと：人気の職業早わかり!」PHP研究所　2011年6月

「人生を変えるアニメ―14歳の世渡り術」河出書房新社　2018年8月

「声優さんになりたいっ!」講談社　2014年11月

「声優になりたい!：夢を叶えるトレーニングBOOK」マイナビ　2015年3月

「声優になるには 改訂版―なるにはBOOKS；53」ぺりかん社　2022年11月

職業、仕事を知る

「夢活!なりたい!アニメの仕事2」汐文社　2018年3月

船員、船長、海技従事者

「港で働く―なるにはBOOKS；補巻28」ぺりかん社　2022年9月

「職場体験完全ガイド29」ポプラ社　2012年3月

「船で働く人たち：しごとの現場としくみがわかる!―しごと場見学!」ぺりかん社　2013年3月

「船長・機関長になるには―なるにはBOOKS；8」ぺりかん社　2014年3月

選手

「101人が選ぶ「とっておきの言葉」―14歳の世渡り術」河出書房新社　2017年1月

「キャリア教育支援ガイドお仕事ナビ.25」理論社　2023年2月

「レギュラーになれないきみへ」岩波書店(岩波ジュニア新書)　2019年10月

総務

「会社のしごと：会社の中にはどんな職種があるのかな？4」ぺりかん社　2013年5月

総理大臣、宰相、大統領

「医学探偵の歴史事件簿」岩波書店(岩波新書 新赤版)　2014年2月

「大統領でたどるアメリカの歴史」岩波書店(岩波ジュニア新書)　2012年9月

「池上彰の世界の見方 = Akira Ikegami,How To See the World アメリカ」小学館　2016年4月

宅配ドライバー

「「物流」で働く―なるにはBOOKS；補巻12」ぺりかん社　2012年6月

鷹匠

「鷹匠は女子高生!」汐文社　2011年11月

ダンサー

「職場体験完全ガイド47」ポプラ社　2016年4月

ダンサー＞バレエダンサー＞バレリーナ

「すもう道まっしぐら!」集英社(集英社みらい文庫)　2017年9月

「外国語でスポーツ3」ベースボール・マガジン社　2015年12月

調教師

「動物飼育係・イルカの調教師になるには」ぺりかん社　2010年10月

職業、仕事を知る

通勤

「通勤の社会史：毎日5億人が通勤する理由」太田出版（ヒストリカル・スタディーズ） 2016年4月

通訳

「英語で話すヒント：通訳者が教える上達法」岩波書店（岩波新書 新赤版） 2012年1月

「観光ガイドになるには―なるにはBOOKS；142」ぺりかん社 2015年8月

「職場体験完全ガイド 51」ポプラ社 2017年4月

「通訳になりたい！：ゼロからめざせる10の道」岩波書店（岩波ジュニア新書） 2016年4月

「通訳者・通訳ガイドになるには―なるにはBOOKS」ぺりかん社 2019年2月

鉄道職員

「NHKプロフェッショナル仕事の流儀 5」ポプラ社 2018年4月

「キャリア教育支援ガイドお仕事ナビ 18」理論社 2018年12月

「駅で働く人たち：しごとの現場としくみがわかる！―しごと場見学！」ぺりかん社 2010年1月

「職場体験完全ガイド 58」ポプラ社 2018年4月

「鉄道 新訂版」講談社（講談社の動く図鑑MOVE） 2019年11月

「鉄道員になるには―なるにはBOOKS；26」ぺりかん社 2015年11月

店員＞書店員

「書店・図書館で働く人たち：しごとの現場としくみがわかる！―しごと場見学！」ぺりかん社 2016年4月

「職場体験学習に行ってきました。：中学生が本物の「仕事」をやってみた！ 6」学研教育出版 学研マーケティング（発売） 2014年2月

投資家

「いずれ起業したいな、と思っているきみに17歳からのスタートアップの授業アントレプレナー列伝：エンジェル投資家は、起業家のどこを見ているのか？―BOW BOOKS；020」 BOW&PARTNERS 中央経済グループパブリッシング 2023年10月

登山家

「NO LIMIT：自分を超える方法」サンクチュアリ出版（sanctuary books） 2010年11月

「お金に頼らず生きたい君へ：廃村「自力」生活記―14歳の世渡り術」河出書房新社 2022年10月

職業、仕事を知る

トリマー

「キャリア教育支援ガイドお仕事ナビ 6」理論社　2015年9月

「職場体験完全ガイド 28」ポプラ社　2012年3月

トレーナー＞アニマルトレーナー

「ぼくはアニマルトレーナー」ポプラ社（ポプラ社ノンフィクション）　2011年7月

「自分がえらんだはたらき方：お仕事ノンフィクション. 3」岩崎書店　2023年8月

トレーナー＞ドッグトレーナー

「ドッグトレーナー・犬の訓練士になるには―なるにはBOOKS ; 91」ぺりかん社　2016年8月

南極地域観測隊

「クマムシ調査隊、南極を行く!」岩波書店（岩波ジュニア新書）　2019年6月

「南極犬物語―ハンカチぶんこ」ハート出版　2011年9月

ネイリスト

「ネイリストになるには―なるにはBOOKS ; 137」ぺりかん社　2012年5月

「職場体験完全ガイド 30」ポプラ社　2012年3月

農家

「NHKプロフェッショナル仕事の流儀 6」ポプラ社　2018年4月

「よくわかる米の事典 4」小峰書店　2016年4月

「行ってみよう!社会科見学：写真とイラストでよくわかる! 4（農家・スーパーマーケット）」国土社
　2011年3月

「自分がえらんだはたらき方：お仕事ノンフィクション. 4」岩崎書店　2023年8月

「職場体験完全ガイド 16」ポプラ社　2010年3月

「職場体験完全ガイド 33」ポプラ社　2013年4月

「世界にはばたけ!明日の農業・未来の漁業 1」教育画劇　2019年2月

「世界にはばたけ!明日の農業・未来の漁業 2」教育画劇　2019年4月

「日本(にっぽん)のもと 米」講談社　2011年9月

「農はいのちをつなぐ」岩波書店（岩波ジュニア新書）　2023年11月

「農業者という生き方―発見!しごと偉人伝」ぺりかん社　2014年9月

「幕末社会」岩波書店（岩波新書 新赤版）　2022年1月

職業、仕事を知る

俳諧師、俳人

「小林一茶：時代を詠んだ俳諧師」岩波書店（岩波新書 新赤版） 2013年9月

パイロット

「エアバスA380を操縦する：巨大旅客機の離陸から着陸まで」講談社（ブルーバックス） 2012年3月

「キャリア教育支援ガイドお仕事ナビ 9」理論社 2016年1月

「これだけは知りたい旅客機の疑問100：自動操縦はどこまでお任せ?行きと帰りで飛行時間が違う理由は?」SBクリエイティブ（サイエンス・アイ新書） 2015年7月

「パイロットになるには 改訂版―なるにはBOOKS；1」ぺりかん社 2017年2月

「パイロットの一日―暮らしを支える仕事見る知るシリーズ」保育社 2020年12月

「空港で働く人たち：しごとの現場としくみがわかる! デジタルプリント版―しごと場見学!」ぺりかん社 2018年1月

「空港で働く人たち：しごとの現場としくみがわかる!―しごと場見学!」ぺりかん社 2013年3月

「空港の大研究：どんな機能や役割があるの?：滑走路のヒミツから遊べる施設まで」PHP研究所 2012年8月

「現代人の伝記：人間てすばらしい、生きるってすばらしい 4」致知出版社 2010年7月

「船で働く人たち：しごとの現場としくみがわかる!―しごと場見学!」ぺりかん社 2013年3月

「憎しみを乗り越えて：ヒロシマを語り継ぐ近藤紘子」汐文社 2019年12月

「大人になったらしたい仕事：「好き」を仕事にした35人の先輩たち」朝日学生新聞社 2017年9月

博物館、美術館関連＞学芸員

「キャリア教育支援ガイドお仕事ナビ 22」理論社 2022年7月

「学芸員になるには―なるにはBOOKS 」ぺりかん社 2019年4月

「美術館・博物館で働く人たち：しごとの現場としくみがわかる! デジタルプリント版―しごと場見学!」ぺりかん社 2018年1月

「美術館・博物館で働く人たち：しごとの現場としくみがわかる!―しごと場見学!」ぺりかん社 2011年3月

「美術館って、おもしろい!：展覧会のつくりかた、働く人たち、美術館の歴史、裏も表もすべてわかる本」河出書房新社 2020年5月

「美術館へ行こう」岩波書店（岩波ジュニア新書） 2013年3月

職業、仕事を知る

「旅が好きだ! : 21人が見つけた新たな世界への扉─14歳の世渡り術」河出書房新社　2020年6月

博物館、美術館関連＞博物館職員

「職場体験学習に行ってきました。: 中学生が本物の「仕事」をやってみた! 15」学研プラス2016年2月

働き方

「2025年のブロックチェーン革命 : 仕事、生活、働き方が変わる」青春出版社（青春新書INTELLIGENCE）　2018年8月

「AI時代を生き残る仕事の新ルール」青春出版社（青春新書INTELLIGENCE）　2017年11月

「ある日突然AIがあなたの会社に」マイナビ出版（マイナビ新書）　2018年4月

「なぜか、やる気がそがれる問題な職場」青春出版社（青春新書INTELLIGENCE）　2018年10月

「なりたい自分との出会い方 : 世界に飛び出したボクが伝えたいこと」岩波書店（岩波ジュニアスタートブックス）　2022年8月

「ビジネスが広がるクラブハウス : 人脈・アイデア・働き方……」青春出版社（青春新書INTELLIGENCE）　2021年5月

「ブラック化する学校 : 少子化なのに、なぜ先生は忙しくなったのか?」青春出版社（青春新書INTELLIGENCE）　2017年2月

「安全な医療のための「働き方改革」」岩波書店（岩波ブックレット）　2019年4月

「過労死しない働き方 : 働くリアルを考える」岩波書店（岩波ジュニア新書）　2020年9月

「就職とは何か : 〈まともな働き方〉の条件」岩波書店（岩波新書 新赤版）　2011年11月

「人が働くのはお金のためか」青春出版社（青春新書INTELLIGENCE）　2023年2月

「先生は教えてくれない就活のトリセツ」筑摩書房（ちくまプリマー新書）　2018年7月

「知っておきたい!働く時のルールと権利─なるにはbooks；別巻」ぺりかん社　2010年4月

「調査報告学校の部活動と働き方改革 : 教師の意識と実態から考える」岩波書店（岩波ブックレット）　2018年11月

「迷走する教員の働き方改革 : 変形労働時間制を考える」岩波書店（岩波ブックレット）　2020年3月

働き方＞協働労働

「〈必要〉から始める仕事おこし : 「協同労働」の可能性」岩波書店（岩波ブックレット）　2022年2月

職業、仕事を知る

発明家

「NHKプロフェッショナル仕事の流儀 3」ポプラ社　2018年4月

「ぼくは発明家：アレクサンダー・グラハム・ベル」廣済堂あかつき　2017年11月

「技術者という生き方―発見!しごと偉人伝」ぺりかん社　2012年3月

「世界を変えた100の偉人：アリストテレスからスティーヴ・ジョブズまで」実業之日本社　2019年6月

「世界を変えた知っておくべき100人の発見―インフォグラフィックスで学ぶ楽しいサイエンス」小学館　2020年12月

「知られざる天才ニコラ・テスラ：エジソンが恐れた発明家」平凡社（平凡社新書）　2015年2月

「発明家になった女の子マッティ」光村教育図書　2017年9月

バリスタ

「カフェオーナー・カフェスタッフ・バリスタになるには―なるにはBOOKS；118」ぺりかん社　2016年2月

美術スタッフ

「イベントの仕事で働く―なるにはBOOKS；補巻17」ぺりかん社　2015年4月

美容師

「キャリア教育支援ガイドお仕事ナビ 11」理論社　2017年7月

「職場体験完全ガイド 30」ポプラ社　2012年3月

「職場体験完全ガイド 58」ポプラ社　2018年4月

「美容師・理容師になるには―なるにはBOOKS」ぺりかん社　2018年4月

「美容室・理容室・サロンで働く人たち：しごとの現場としくみがわかる!―しごと場見学!」ぺりかん社　2015年1月

「夢のお仕事さがし大図鑑：名作マンガで「すき!」を見つける 1」日本図書センター　2016年9月

「理容師・美容師の一日―暮らしを支える仕事見る知るシリーズ：10代の君の「知りたい」に答えます」保育社　2021年6月

福祉関係＞介護士、介護福祉士

「NHKプロフェッショナル仕事の流儀 4」ポプラ社　2018年4月

「介護というお仕事―世の中への扉」講談社　2017年8月

「介護のススメ!：希望と創造の老人ケア入門」筑摩書房（ちくまプリマー新書）　2016年12月

職業、仕事を知る

「介護職がいなくなる：ケアの現場で何が起きているのか」岩波書店（岩波ブックレット）　2019年9月

「介護福祉士になるには―なるにはBOOKS；100」ぺりかん社　2022年4月

「介護福祉士の一日―医療・福祉の仕事見る知るシリーズ：10代の君の「知りたい」に答えます」保育社　2015年3月

「考えよう!女性活躍社会 3」汐文社　2017年4月

「職場体験完全ガイド 14」ポプラ社　2010年3月

「職場体験完全ガイド 22」ポプラ社　2011年3月

「福祉業界で働く―なるにはBOOKS；補巻24」ぺりかん社　2020年4月

「夢のお仕事さがし大図鑑：名作マンガで「すき!」を見つける 2」日本図書センター　2016年9月

福祉関係＞ケアマネージャー、介護支援専門員

「職場体験完全ガイド 46」ポプラ社　2016年4月

福祉関係＞社会福祉士、ソーシャルワーカー

「「心」のお仕事：今日も誰かのそばに立つ24人の物語―14歳の世渡り術」河出書房新社　2021年10月

「グローバル定義にもとづくスクールソーシャルワーク入門：スクールソーシャルワーカーをめざす高校生・大学生のみなさんへ」みらい　2021年3月

「ソーシャルワーカーという仕事」筑摩書房（ちくまプリマー新書）　2013年2月

「自分の将来を考えている"あなた"へこれがソーシャルワークという仕事です：尊厳を守り,支え合いの仕組みを創る」みらい　2016年9月

「社会福祉士・精神保健福祉士になるには―なるにはbooks；61」ぺりかん社　2011年3月

「社会福祉士・精神保健福祉士になるには―なるにはBOOKS；61」ぺりかん社　2021年6月

「社会福祉士の一日―医療・福祉の仕事見る知るシリーズ：10代の君の「知りたい」に答えます」保育社　2016年9月

「職場体験完全ガイド 14」ポプラ社　2010年3月

「知りたい!ソーシャルワーカーの仕事」岩波書店（岩波ブックレット）　2015年5月

「地域を変えるソーシャルワーカー」岩波書店（岩波ブックレット）　2021年1月

「福祉業界で働く―なるにはBOOKS；補巻24」ぺりかん社　2020年4月

福祉関係＞手話通訳士

「手で笑おう：手話通訳士になりたい」汐文社　2012年8月

職業、仕事を知る

「職場体験完全ガイド 46」ポプラ社　2016年4月

福祉関係＞盲導犬訓練士、聴導犬訓練士、介助犬訓練士

「職場体験完全ガイド 28」ポプラ社　2012年3月

舞踏家

「素敵なオトナ図鑑 = Sutekinaotona visual dictionary : 身近な素敵な大人を紹介する図鑑. Vol.3」AmazingAdventure 星雲社　2023年11月

不動産関係＞宅地建物取引士

「不動産鑑定士・宅地建物取引士になるには―なるにはBOOKS ; 55」ぺりかん社　2023年10月

不動産関係＞不動産鑑定士

「高校生からの不動産鑑定士入門 : 日本唯一の不動産学部がジョブ型雇用時代に輝く仕事の魅力を伝えます」住宅新報出版　2023年4月

「不動産鑑定士・宅地建物取引士になるには―なるにはBOOKS ; 55」ぺりかん社　2023年10月

フライトドクター、フライトナース

「命をつなげ!ドクターヘリ 2」講談社(講談社青い鳥文庫)　2019年7月

プログラマー

「キャリア教育支援ガイドお仕事ナビ 2」理論社　2014年10月

「ゲームの仕事」ポプラ社(「好き」で見つける仕事ガイド)　2019年11月

「ゲーム業界で働く―なるにはBOOKS ; 補巻26」ぺりかん社　2020年6月

「プログラマーになろう! : 遊んで、ためして、よくわかる : 楽しく身につくプログラミングのきほん」化学同人　2020年11月

「プログラマーの一日―暮らしを支える仕事見る知るシリーズ : 10代の君の「知りたい」に答えます」保育社　2021年1月

「職場体験完全ガイド 55」ポプラ社　2017年4月

「世界を驚かせた女性の物語 [2]」旬報社　2020年1月

「目指せプログラマー!プログラミング超入門 : プログラミング的な考え方をしっかり身につけよう Visual Studio Community・C#編」マイナビ　2015年6月

プログーマー

「ゲームの仕事」ポプラ社(「好き」で見つける仕事ガイド)　2019年11月

職業、仕事を知る

「手持ちのカードで、〈なんとか〉生きてます。：世渡り下手の新しい世渡り術ー14歳の世渡り術」河出書房新社　2023年9月

「職場体験完全ガイド 60」ポプラ社　2018年4月

プロデューサー

「ゲーム業界で働く―なるにはBOOKS；補巻26」ぺりかん社　2020年6月

「仕事道楽：スタジオジブリの現場 新版」岩波書店（岩波新書 新赤版）　2014年5月

「自分がえらんだはたらき方：お仕事ノンフィクション.5」岩崎書店　2023年8月

「勝つために9割捨てる仕事術：元・日本テレビ敏腕プロデューサーが明かす」青春出版社（青春新書INTELLIGENCE）　2019年10月

プロデューサー＞イベントプロデューサー

「イベントの仕事で働く―なるにはBOOKS；補巻17」ぺりかん社　2015年4月

ヘアメイクアップアーティスト

「キャリア教育支援ガイドお仕事ナビ.24」理論社　2023年2月

編集者

「ことばハンター：国語辞典はこうつくる―生きかた」ポプラ社（ポプラ社ノンフィクション）　2019年1月

「マスコミ芸能創作のしごと：人気の職業早わかり!」PHP研究所　2011年6月

「職場体験完全ガイド 25」ポプラ社　2011年3月

「職場体験完全ガイド 48」ポプラ社　2016年4月

「新聞社・出版社で働く人たち：しごとの現場としくみがわかる!―しごと場見学!」ぺりかん社　2014年7月

保育士

「NHKプロフェッショナル仕事の流儀 5」ポプラ社　2018年4月

「いのちと向き合う仕事―漫画家たちが描いた仕事：プロフェッショナル」金の星社　2016年2月

「キャリア教育支援ガイドお仕事ナビ 3」理論社　2014年11月

「ジブン未来図鑑：職場体験完全ガイド+.7」ポプラ社　2023年4月

「めざせ!保育士・幼稚園教諭：音楽力向上でキャリアアップ」スタイルノート　2019年1月

「考えよう!女性活躍社会 2」汐文社　2017年4月

「考えよう!女性活躍社会 3」汐文社　2017年4月

職業、仕事を知る

「子どもと働く―なるにはBOOKS；補巻14」ぺりかん社　2014年2月

「職場体験完全ガイド 14」ポプラ社　2010年3月

「保育園・幼稚園で働く人たち：しごとの現場としくみがわかる! デジタルプリント版―しごと場見学!」ぺりかん社　2018年1月

「保育園・幼稚園で働く人たち：しごとの現場としくみがわかる!―しごと場見学!」ぺりかん社
2012年9月

「保育士になるには―なるにはBOOKS；16」ぺりかん社　2014年12月

「保育士の一日―医療・福祉の仕事見る知るシリーズ：10代の君の「知りたい」に答えます」保育社　2016年1月

「夢のお仕事さがし大図鑑：名作マンガで「すき!」を見つける 2」日本図書センター　2016年9月

冒険家

「いま生きているという冒険―よりみちパン!セ；Ｐ 10」イースト・プレス　2011年10月

「オレはどうくつ探検家―シリーズ◎自然いのちひと」ポプラ社　2018年7月

「ヒラメキ公認ガイドブック世界中を探検しよう」化学同人　2012年7月

「偉人のおはなし：ハンディタイプ：夢のとびらがひらく!―頭のいい子を育てる」主婦の友社
2016年7月

「高校生で出会っておきたい73の言葉」PHPエディターズ・グループ　2012年11月

「世界の冒険家：アプリで遊べる本：全15話―ARと読むシリーズ」アルファブックス/アルファ企画　2017年5月

法律、会計、保険関係＞行政書士

「行政書士になるには―なるにはBOOKS；108」ぺりかん社　2020年1月

法律、会計、保険関係＞公認会計士

「商業高校から一橋大学に入って公認会計士試験に合格した話」とりい書房第二編集部
2019年6月

法律、会計、保険関係＞社会保険労務士

「社会保険労務士になるには―なるにはBOOKS；63」ぺりかん社　2021年12月

法律、会計、保険関係＞税理士

「税理士になるには 改訂版―なるにはBOOKS」ぺりかん社　2018年12月

職業、仕事を知る

法律、会計、保険関係＞弁護士

「パワハラに負けない！：労働安全衛生法指南」岩波書店（岩波ジュニア新書） 2013年11月

「プチ革命言葉の森を育てよう」岩波書店（岩波ジュニア新書） 2014年7月

「ルース・ベイダー・ギンズバーグ ＝ RUTH BADER GINSBURG」あすなろ書房（信念は社会を変えた！） 2020年10月

「気分はもう、裁判長―よりみちパン！セ；P033」イースト・プレス 2012年2月

「現代人の伝記：人間てすばらしい、生きるってすばらしい 2」致知出版社 2010年7月

「司法の現場で働きたい！：弁護士・裁判官・検察官」岩波書店（岩波ジュニア新書） 2018年3月

「小説・マンガで見つける！すてきな仕事 2」学研教育出版 2015年2月

「人権は国境を越えて」岩波書店（岩波ジュニア新書） 2013年10月

「弁護士・検察官・裁判官の一日―暮らしを支える仕事見る知るシリーズ」保育社 2019年10月

「弁護士になるには―なるにはbooks；21」ぺりかん社 2011年1月

「弁護士になるには―なるにはBOOKS；21」ぺりかん社 2021年10月

法律、会計、保険関係＞弁理士

「弁理士になるには 改訂版―なるにはBOOKS；40」ぺりかん社 2021年4月

保健師

「職場体験完全ガイド 41」ポプラ社 2015年4月

「保健師・助産師・養護教諭になるには」ぺりかん社 2011年10月

「保健師の一日―医療・福祉の仕事見る知るシリーズ：10代の君の「知りたい」に答えます」保育社 2015年12月

ホテリエ、ホテルマン

「おもてなしの仕事―漫画家たちが描いた仕事：プロフェッショナル」金の星社 2016年3月

「職場体験学習に行ってきました。：中学生が本物の「仕事」をやってみた！ 8」学研教育出版 学研マーケティング（発売） 2014年2月

「職場体験完全ガイド 19」ポプラ社 2010年3月

翻訳家

「はじめて読む！海外文学ブックガイド：人気翻訳家が勧める、世界が広がる48冊―14歳の世渡り術」河出書房新社 2022年7月

職業、仕事を知る

「石井桃子：児童文学の発展に貢献した文学者：翻訳家・児童文学者〈日本〉―ちくま評伝シリーズ〈ポルトレ〉」筑摩書房　2016年1月

マーケティング

「会社のしごと：会社の中にはどんな職種があるのかな？3」ぺりかん社　2012年12月

マジシャン

「職場体験完全ガイド 47」ポプラ社　2016年4月

マネージャー、管理職

「なぜか、やる気がそがれる問題な職場」青春出版社（青春新書INTELLIGENCE）　2018年10月

「駆け出しマネジャーの成長論：7つの挑戦課題を「科学」する」中央公論新社（中公新書ラクレ）　2014年5月

「駆け出しマネジャーの成長論：7つの挑戦課題を「科学」する 増補版」中央公論新社（中公新書ラクレ）　2021年3月

「水滸伝に学ぶ組織のオキテ」平凡社（平凡社新書）　2018年4月

漫画家

「キャリア教育支援ガイドお仕事ナビ 10」理論社　2016年3月

「マンガがあるじゃないか：わたしをつくったこの一冊―14歳の世渡り術」河出書房新社　2016年1月

「マンガミュージアムへ行こう」岩波書店（岩波ジュニア新書）　2014年3月

「君たちは夢をどうかなえるか―心の友だち」PHP研究所　2018年6月

「元気がでる日本人100人のことば 3」ポプラ社　2012年3月

「個性ハッケン！：50人が語る長所・短所 3.」ポプラ社　2018年9月

「手塚治虫―未来からの使者」童心社　2012年3月

「生活を究める―スタディサプリ三賢人の学問探究ノート：今を生きる学問の最前線読本；5」ポプラ社　2021年3月

「長谷川町子：「サザエさん」とともに歩んだ人生：漫画家〈日本〉―ちくま評伝シリーズ〈ポルトレ〉」筑摩書房　2014年8月

「藤子・F・不二雄：「ドラえもん」はこうして生まれた：漫画家〈日本〉―ちくま評伝シリーズ〈ポルトレ〉」筑摩書房　2014年8月

「美術の進路相談：絵の仕事をするために、描き続ける方法」ポプラ社　2023年9月

職業、仕事を知る

薬剤師

「キャリア教育支援ガイドお仕事ナビ 4」理論社　2015年2月

「医薬品業界で働く—なるにはBOOKS」ぺりかん社　2018年11月

「職場体験完全ガイド 26」ポプラ社　2012年3月

「薬剤師になるには—なるにはBOOKS；58」ぺりかん社　2020年2月

「薬剤師の一日—医療・福祉の仕事見る知るシリーズ：10代の君の「知りたい」に答えます」保育社　2015年10月

YouTuber

「YouTuber教室—マンガでマスター」ポプラ社　2018年8月

「オタクを武器に生きていく—14歳の世渡り術」河出書房新社　2022年11月

「キャリア教育支援ガイドお仕事ナビ 12」理論社　2017年10月

「タガヤセ!日本：「農水省の白石さん」が農業の魅力教えます—14歳の世渡り術」河出書房新社　2022年7月

「なぜ私たちは理系を選んだのか：未来につながる〈理〉のチカラ」岩波書店（岩波ジュニアスタートブックス）　2021年5月

「瞬発力の高め方」サンクチュアリ出版（sanctuary books）　2018年3月

郵便配達員

「ゲームで学ぶ経済のしくみ 3（会社のしくみ）」学研教育出版　2010年2月

「現代人の伝記：人間てすばらしい、生きるってすばらしい 3」致知出版社　2010年7月

「現代人の伝記：人間てすばらしい、生きるってすばらしい 5」致知出版社　2013年11月

幼稚園教諭

「めざせ!保育士・幼稚園教諭：音楽力向上でキャリアアップ」スタイルノート　2019年1月

「保育園・幼稚園で働く人たち：しごとの現場としくみがわかる!—しごと場見学!」ぺりかん社　2012年9月

「幼稚園教諭になるには—なるにはBOOKS」ぺりかん社　2019年12月

落語家

「教養として学んでおきたい落語」マイナビ出版（マイナビ新書）　2019年8月

「落語・寄席芸—日本の伝統芸能を楽しむ」偕成社　2017年4月

「落語が教えてくれること—15歳の寺子屋」講談社　2011年3月

職業、仕事を知る

「落語の聴き方楽しみ方」筑摩書房（ちくまプリマー新書）2010年12月

酪農家

「しあわせの牛乳：牛もしあわせ!おれもしあわせ!―生きかた」ポプラ社（ポプラ社ノンフィクション）2018年3月

漁師

「NHKプロフェッショナル仕事の流儀 6」ポプラ社 2018年4月

「クニマスは生きていた!」汐文社 2017年11月

「漁師になるには―なるにはBOOKS」ぺりかん社 2019年1月

「港で働く人たち：しごとの現場としくみがわかる!―しごと場見学!」ぺりかん社 2013年1月

「職場体験完全ガイド 16」ポプラ社 2010年3月

「世界にはばたけ!明日の農業・未来の漁業 3」教育画劇 2019年4月

猟師

「自分がえらんだはたらき方：お仕事ノンフィクション. 4」岩崎書店 2023年8月

寮母

「大学生活の迷い方：女子寮ドタバタ日記」岩波書店（岩波ジュニア新書）2014年10月

料理人、パティシエ、菓子職人

「キャリア教育支援ガイドお仕事ナビ 1」理論社 2014年8月

「ジブン未来図鑑：職場体験完全ガイド+ 1」ポプラ社 2022年4月

「スイーツの仕事」ポプラ社（「好き」で見つける仕事ガイド）2019年3月

「パティシエになるには―なるにはbooks；134」ぺりかん社 2010年7月

「レストランで働く人たち：しごとの現場としくみがわかる!―しごと場見学!」ぺりかん社 2012年1月

「甘くてかわいいお菓子の仕事：自分流・夢の叶え方―14歳の世渡り術」河出書房新社 2017年3月

「現代人の伝記：人間てすばらしい、生きるってすばらしい 4」致知出版社 2010年7月

「現代人の伝記：人間てすばらしい、生きるってすばらしい 5」致知出版社 2013年11月

「職場体験学習に行ってきました。：中学生が本物の「仕事」をやってみた! 11」学研プラス 2016年2月

「職場体験完全ガイド 23」ポプラ社 2011年3月

職業、仕事を知る

「職場体験完全ガイド 56」ポプラ社　2018年4月

「食にかかわる仕事―漫画家たちが描いた仕事：プロフェッショナル」金の星社　2016年3月

「素敵なオトナ図鑑 = Sutekinaotona visual dictionary：身近な素敵な大人を紹介する図鑑 Vol.2」AmazingAdventure　2022年11月

「大人になったらしたい仕事：「好き」を仕事にした35人の先輩たち」朝日学生新聞社　2017年9月

「大人になったらしたい仕事：「好き」を仕事にした35人の先輩たち 3」朝日学生新聞社　2019年8月

「中学生のためのスイーツの教科書：13歳からのパティシエ修業」吉備人出版　2018年12月

「陳建民：四川料理を日本に広めた男：料理家〈中国・日本〉―ちくま評伝シリーズ〈ポルトレ〉」筑摩書房　2015年9月

「夢のお仕事さがし大図鑑：名作マンガで「すき！」を見つける 1」日本図書センター　2016年9月

「料理旅行スポーツのしごと：人気の職業早わかり！」PHP研究所　2010年10月

料理人、パティシエ、菓子職人＞ショコラティエ

「大人になったら何になる？：大好きなことを仕事にした人たちからあなたへのメッセージ」バベルプレス　2010年10月

【業界を知る】

IT産業、情報産業

「AIの時代と法」岩波書店（岩波新書 新赤版） 2019年11月

「ITソリューション会社図鑑：未来をつくる仕事がここにある」日経BPコンサルティング 2016年4月

「キャリア教育支援ガイドお仕事ナビ 7」理論社 2015年10月

「ハッピー!おしゃれお仕事ナビ1001：キラ☆カワGirl―キラ☆カワgirlsコレクション」世界文化社 2013年10月

「ファッション建築ITのしごと：人気の職業早わかり!」PHP研究所 2011年2月

「プログラマーの一日―暮らしを支える仕事見る知るシリーズ：10代の君の「知りたい」に答えます」保育社 2021年1月

「プログラミングという最強の武器―君に伝えたい仕事の話・シリーズ；1」ロングセラーズ 2022年12月

「時代をきりひらくIT企業と創設者たち 1」岩崎書店 2013年2月

「時代をきりひらくIT企業と創設者たち 2」岩崎書店 2013年2月

「時代をきりひらくIT企業と創設者たち 3」岩崎書店 2013年2月

「時代をきりひらくIT企業と創設者たち 4」岩崎書店 2013年2月

「時代をきりひらくIT企業と創設者たち 5」岩崎書店 2013年2月

「時代をきりひらくIT企業と創設者たち 6」岩崎書店 2013年2月

「自分と未来のつくり方：情報産業社会を生きる」岩波書店（岩波ジュニア新書） 2010年6月

「冗長性から見た情報技術：やさしく理解する原理と仕組み」講談社（ブルーバックス） 2011年3月

「職場体験完全ガイド 55」ポプラ社 2017年4月

アパレル、服飾

「ものづくりの仕事―漫画家たちが描いた仕事：プロフェッショナル」金の星社 2016年3月

「新鮮!ファッションビジネス入門」繊研新聞社 2013年6月

「日本の伝統文化仕事図鑑 [2]」金の星社 2019年2月

「販売員・ファッションアドバイザーになるには―なるにはBOOKS；35」ぺりかん社 2016年6月

業界を知る

一般廃棄物処理業

「ごみ処理場・リサイクルセンターで働く人たち：しごとの現場としくみがわかる!─しごと場見学!」ぺりかん社　2016年12月

印刷業

「新聞を読もう! 3（新聞博士になろう!）」教育画劇　2012年4月

「本のことがわかる本 3」ミネルヴァ書房　2015年9月

宇宙産業

「宇宙・天文で働く─なるにはBOOKS；補巻20」ぺりかん社　2018年10月

「宇宙を仕事にしよう!─14歳の世渡り術」河出書房新社　2016年11月

「宇宙就職案内」筑摩書房（ちくまプリマー新書）　2012年5月

運送業、運輸業

「「物流」で働く─なるにはBOOKS；補巻12」ぺりかん社　2012年6月

「NHKタイムスクープハンター = Time Scoop Hunter：歴史の真実を探れ! Vol.2」ポプラ社　2015年4月

「グランドスタッフになるには─なるにはBOOKS 」ぺりかん社　2018年1月

「これからのエネルギー」岩波書店（岩波ジュニア新書）　2013年6月

「データと地図で見る日本の産業 6」ポプラ社　2014年4月

「リニア新幹線が不可能な7つの理由」岩波書店（岩波ブックレット）　2017年10月

「職場体験学習に行ってきました。：中学生が本物の「仕事」をやってみた! 5」学研教育出版　2014年2月

「職場体験完全ガイド 39」ポプラ社　2014年4月

「職場体験完全ガイド 52」ポプラ社　2017年4月

「職場体験完全ガイド 65（会社員編）」ポプラ社　2019年4月

「世界が感動!ニッポンのおもてなし 第1巻（買う・利用する）」日本図書センター　2014年6月

「物流の大研究：どうやって運んでいるの?：生きた魚・動物から新幹線まで」PHP研究所　2013年1月

「未来をつくる!日本の産業 6」ポプラ社　2021年4月

運送業、運輸業＞航空輸送

「エアバスA380を操縦する：巨大旅客機の離陸から着陸まで」講談社（ブルーバックス）　2012年3月

業界を知る

「カラー図解でわかる航空管制「超」入門：安全で正確な運航の舞台裏に迫る」SBクリエイティブ（サイエンス・アイ新書）　2014年5月

「新しい航空管制の科学：宇宙から見守る「空の交通整理」」講談社（ブルーバックス）　2015年5月

「図解・ボーイング787 vs. エアバスA380：新世代旅客機を徹底比較」講談社（ブルーバックス）　2011年11月

「図解・旅客機運航のメカニズム：航空機オペレーション入門」講談社（ブルーバックス）　2010年6月

NPO法人

「NPO法人で働く—なるにはBOOKS；補巻13」ぺりかん社　2012年8月

エンターテインメント業

「真夜中のディズニーで考えた働く幸せ—14歳の世渡り術」河出書房新社　2014年9月

「遊園地・テーマパークで働く人たち：しごとの現場としくみがわかる!」ぺりかん社（しごと場見学!）　2014年11月

卸売業

「魚市場で働く—なるにはBOOKS；補巻19」ぺりかん社　2017年12月

外食産業＞飲食店一般

「つむじ風食堂と僕」筑摩書房（ちくまプリマー新書）　2013年8月

「高校生レストランまごの店おいしい和食のキホン」岩波書店（岩波ジュニア新書）　2015年3月

「職場体験学習に行ってきました。：中学生が本物の「仕事」をやってみた! 6」学研教育出版　学研マーケティング（発売）2014年2月

「職場体験完全ガイド 31」ポプラ社　2013年4月

環境ビジネス

「環境技術で働く—なるにはbooks；補巻 11」ぺりかん社　2012年2月

漁業

「NHKプロフェッショナル仕事の流儀 6」ポプラ社　2018年4月

「イルカを食べちゃダメですか?：科学者の追い込み漁体験記」光文社（光文社新書）　2010年7月

「しごと場たんけん日本の市場 1」汐文社　2016年11月

「環境負債：次世代にこれ以上ツケを回さないために」筑摩書房（ちくまプリマー新書）　2012年5月

「魚の疑問50─みんなが知りたいシリーズ；15」成山堂書店　2020年11月

「自然の材料と昔の道具 1」さ・え・ら書房　2016年3月

「職場体験学習に行ってきました。：中学生が本物の「仕事」をやってみた! 14」学研プラス　2016年2月

「食料問題にたちむかう─世界と日本の食料問題」文研出版　2012年2月

「森・川・海つながるいのち─守ってのこそう!いのちつながる日本の自然；5」童心社　2011年1月

「世界にはばたけ!明日の農業・未来の漁業 1」教育画劇　2019年2月

「世界にはばたけ!明日の農業・未来の漁業 2」教育画劇　2019年4月

「世界にはばたけ!明日の農業・未来の漁業 3」教育画劇　2019年4月

「潮干狩りの疑問77─みんなが知りたいシリーズ；3」成山堂書店　2017年3月

「未来をつくる!日本の産業 3」ポプラ社　2021年4月

漁業＞捕鯨

「イルカを食べちゃダメですか?：科学者の追い込み漁体験記」光文社（光文社新書）　2010年7月

銀行業

「銀行で働く人たち：しごとの現場としくみがわかる!─しごと場見学!」ぺりかん社　2016年3月

金属加工業

「カレーライスを一から作る：関野吉晴ゼミ─生きかた」ポプラ社（ポプラ社ノンフィクション）　2017年11月

軍事産業

「F-15Jの科学：日本の防空を担う主力戦闘機の秘密」SBクリエイティブ（サイエンス・アイ新書）　2015年10月

「F-2の科学：知られざる国産戦闘機の秘密」SBクリエイティブ（サイエンス・アイ新書）　2014年4月

「F-35はどれほど強いのか：航空自衛隊が導入した最新鋭戦闘機の実力」SBクリエイティブ（サイエンス・アイ新書）　2018年7月

「F-4ファントム2の科学：40年を超えて最前線で活躍する名機の秘密」SBクリエイティブ（サイエンス・アイ新書）　2016年7月

業界を知る

「ドッグファイトの科学：知られざる空中戦闘機動の秘密 改訂版」SBクリエイティブ（サイエンス・アイ新書）2018年6月

「ナパーム空爆史：日本人をもっとも多く殺した兵器」太田出版（ヒストリカル・スタディーズ）2016年3月

「ミサイルの科学：現代戦に不可欠な誘導弾の秘密に迫る」SBクリエイティブ（サイエンス・アイ新書）2016年4月

「戦車の戦う技術：マッハ5の徹甲弾が飛び交う戦場で生き残る」SBクリエイティブ（サイエンス・アイ新書）2016年5月

「戦闘機の航空管制：航空戦術の一環として兵力の残存と再戦力化に貢献する」SBクリエイティブ（サイエンス・アイ新書）2018年8月

「潜水艦の戦う技術：現代の「海の忍者」-その実際に迫る」SBクリエイティブ（サイエンス・アイ新書）2015年6月

「知られざるステルスの技術：現代の航空戦で勝敗の鍵を握る不可視化テクノロジーの秘密」SBクリエイティブ（サイエンス・アイ新書）2016年12月

「知られざる潜水艦の秘密：海中に潜んで敵を待ち受ける海の一匹狼」SBクリエイティブ（サイエンス・アイ新書）2016年10月

「中国航空戦力のすべて：中国のテクノロジーは世界にどれだけ迫っているのか?」SBクリエイティブ（サイエンス・アイ新書）2015年3月

建設、土木業

「キャリア教育支援ガイドお仕事ナビ 13」理論社　2017年12月

「ダムの科学：知られざる超巨大建造物の秘密に迫る 改訂版」SBクリエイティブ（サイエンス・アイ新書）2019年12月

「リニア新幹線が不可能な7つの理由」岩波書店（岩波ブックレット）2017年10月

「空港のたんけん―ドボジョママに聞く土木の世界」星の環会　2020年4月

「図解・橋の科学：なぜその形なのか?どう架けるのか?」講談社（ブルーバックス）2010年3月

「図解・首都高速の科学：建設技術から渋滞判定のしくみまで」講談社（ブルーバックス）2013年11月

「水道のたんけん―ドボジョママに聞く土木の世界」星の環会　2019年11月

「川のたんけん―ドボジョママに聞く土木の世界」星の環会　2020年4月

「地下鉄の駅はものすごい」平凡社（平凡社新書）2020年5月

「長大橋の科学：夢の実現に進化してきた橋づくりの技術と歴史をひもとく」SBクリエイティブ（サイエンス・アイ新書）2014年8月

「土木技術者になるには―なるにはBOOKS；157」ぺりかん社　2022年12月

業界を知る

「道路のたんけん─ドボジョママに聞く土木の世界」星の環会　2020年4月

「日本（にっぽん）の土木遺産：近代化を支えた技術を見に行く」講談社（ブルーバックス）
2012年1月

工業

「「理系」で読み解くすごい日本史」青春出版社（青春新書INTELLIGENCE）　2019年3月

「あの町工場から世界へ：世界の人々の生活に役立つ日本製品─世界のあちこちでニッポン」
理論社　2017年9月

「かたちで覚えよう!はじめての都道府県：NHK見えるぞ!ニッポン」NHK出版　2011年1月

「カレーライスを一から作る：関野吉晴ゼミ─生きかた」ポプラ社（ポプラ社ノンフィクション）
2017年11月

「この町工場から世界へ：世界の人々の生活に役立つ日本製品─世界のあちこちでニッポン」
理論社　2018年10月

「ファッション建築ITのしごと：人気の職業早わかり!」PHP研究所　2011年2月

「科学技術は日本を救うのか：「第4の価値」を目指して─Dis+cover science；1」ディスカ
ヴァー・トゥエンティワン　2010年4月

「技術の街道をゆく」岩波書店（岩波新書 新赤版）　2018年1月

「古代世界の超技術：あっと驚く「巨石文明」の智慧」講談社（ブルーバックス）　2023年12月

「古代日本の超技術：あっと驚く「古の匠」の智慧」講談社（ブルーバックス）　2023年12月

「工業数学がわかる：基礎からやさしく解説もの創りのための数学レッスン!─ファーストブック」
技術評論社　2010年3月

「鉱物・宝石のふしぎ大研究：自然がつくった芸術品：でき方や性質・用途を探ろう!」PHP研
究所　2010年9月

「材料革命ナノアーキテクトニクス」岩波書店（岩波科学ライブラリー）　2014年6月

「職場体験完全ガイド 44」ポプラ社　2015年4月

「新・材料化学の最前線：未来を創る「化学」の力」講談社（ブルーバックス）　2010年7月

「世界に勝てる!日本発の科学技術」PHP研究所（PHPサイエンス・ワールド新書）　2011年2月

「世界を動かす技術思考：要素からシステムへ」講談社（ブルーバックス）　2015年5月

「世界を変えた60人の偉人たち：新しい時代を拓いたテクノロジー」東京電機大学出版局
2019年7月

「町工場の底力 2（ロケットを飛ばす）」かもがわ出版　2013年10月

「町工場の底力 4（深海をめざす）」かもがわ出版　2014年2月

「未来をつくる!日本の産業 4」ポプラ社　2021年4月

業界を知る

「明日、機械がヒトになる：ルポ最新科学」講談社（講談社現代新書）　2016年5月

工業＞化学工業

「ドキュメント遺伝子工学：巨大産業を生んだ天才たちの戦い」PHP研究所（PHPサイエンス・ワールド新書）　2013年5月

「火薬のはなし：爆発の原理から身のまわりの火薬まで」講談社（ブルーバックス）　2014年8月

工業＞重化学工業

「未来をつくる!日本の産業 5」ポプラ社　2021年4月

「未来をつくる!日本の産業 5」ポプラ社　2021年4月

航空業

「客室乗務員になるには―なるにはBOOKS；2」ぺりかん社　2014年9月

「新しい航空管制の科学：宇宙から見守る「空の交通整理」」講談社（ブルーバックス）　2015年5月

「図解・旅客機運航のメカニズム：航空機オペレーション入門」講談社（ブルーバックス）　2010年6月

航空交通管制、航空管制

「カラー図解でわかる航空管制「超」入門：安全で正確な運航の舞台裏に迫る」SBクリエイティブ（サイエンス・アイ新書）　2014年5月

「新しい航空管制の科学：宇宙から見守る「空の交通整理」」講談社（ブルーバックス）　2015年5月

「戦闘機の航空管制：航空戦術の一環として兵力の残存と再戦力化に貢献する」SBクリエイティブ（サイエンス・アイ新書）　2018年8月

小売業、流通小売業

「コンビニおいしい進化史：売れるトレンドのつくり方」平凡社（平凡社新書）　2019年12月

「会社で働く：製品開発ストーリーから職種を学ぶ!―なるにはBOOKS；別巻」ぺりかん社　2021年5月

「職場体験学習に行ってきました。：中学生が本物の「仕事」をやってみた! 12」学研プラス　2016年2月

「職場体験学習に行ってきました。：中学生が本物の「仕事」をやってみた! 7」学研教育出版　学研マーケティング（発売）　2014年2月

「新鮮!ファッションビジネス入門」繊研新聞社　2013年6月

業界を知る

「新聞社・出版社で働く人たち：しごとの現場としくみがわかる!―しごと場見学!」ぺりかん社
2014年7月

「戦う商業高校生リテールマーケティング戦隊」栄光　2017年4月

「値段がわかれば社会がわかる：はじめての経済学」筑摩書房(ちくまプリマー新書)　2021年
2月

「百貨店・ショッピングセンターで働く人たち：しごとの現場としくみがわかる!―しごと場見学!」
ぺりかん社　2015年3月

「本について授業をはじめます―ちしきのもり」少年写真新聞社　2014年9月

「未来をつくる!日本の産業 7」ポプラ社　2021年4月

自動化産業

「未来を変えるロボット図鑑」創元社　2019年9月

出版業

「ものづくりの仕事―漫画家たちが描いた仕事：プロフェッショナル」金の星社　2016年3月

「学術出版の来た道」岩波書店(岩波科学ライブラリー)　2021年10月

「書籍文化の未来：電子本か印刷本か」岩波書店(岩波ブックレット)　2013年6月

「職場体験学習に行ってきました。：中学生が本物の「仕事」をやってみた! 9」学研教育出版
学研マーケティング(発売)　2014年2月

「職場体験完全ガイド 37」ポプラ社　2014年4月

「新・どの本よもうかな?中学生版 海外編」金の星社　2014年3月

「新聞は、あなたと世界をつなぐ窓：NIE教育に新聞を」汐文社　2014年11月

「新聞社・出版社で働く人たち：しごとの現場としくみがわかる!―しごと場見学!」ぺりかん社
2014年7月

「本について授業をはじめます―ちしきのもり」少年写真新聞社　2014年9月

「和本のすすめ：江戸を読み解くために」岩波書店(岩波新書 新赤版)　2011年10月

情報通信業

「職場体験完全ガイド 62 (会社員編)」ポプラ社　2019年4月

「未来をつくる!日本の産業 7」ポプラ社　2021年4月

「理系アナ桝太一の生物部な毎日」岩波書店(岩波ジュニア新書)　2014年7月

食品化学

「うま味って何だろう」岩波書店(岩波ジュニア新書)　2012年1月

業界を知る

食品保存
「料理の科学：加工・加熱・調味・保存のメカニズム」SBクリエイティブ（サイエンス・アイ新書）
2017年6月

水産業
「かつお節と日本人」岩波書店（岩波新書 新赤版） 2013年10月

「サバからマグロが産まれる!?」岩波書店（岩波科学ライブラリー） 2014年10月

「データと地図で見る日本の産業 3」ポプラ社 2014年4月

「漁師になるには―なるにはBOOKS 」ぺりかん社 2019年1月

「職場体験学習に行ってきました。：中学生が本物の「仕事」をやってみた! 14」学研プラス
2016年2月

「生き物を育成する仕事：養蜂業者 養殖漁業者 馬の牧場スタッフ：マンガ 新版―知りたい!
なりたい!職業ガイド」ほるぷ出版 2020年3月

「日本の伝統文化仕事図鑑 [1]」金の星社 2019年3月

「未来をつくる!日本の産業 3」ポプラ社 2021年4月

水産業＞水産加工、水産物
「かつお節と日本人」岩波書店（岩波新書 新赤版） 2013年10月

スポーツ産業
「〈10秒00の壁〉を破れ!：陸上男子100m：若きアスリートたちの挑戦―世の中への扉」講談社
2016年2月

「オリンピックをささえるスポーツ・テクノロジー 1」汐文社 2019年12月

「オリンピックをささえるスポーツ・テクノロジー 2」汐文社 2020年2月

「オリンピックをささえるスポーツ・テクノロジー 3」汐文社 2020年3月

「スポーツを仕事にする!」筑摩書房（ちくまプリマー新書） 2010年9月

「ナイキ―知っているようで知らない会社の物語」彩流社 2015年1月

「瞬足パーフェクトブック―小学館スポーツスペシャル」小学館 2010年3月

製造業
「会社のしごと：会社の中にはどんな職種があるのかな? 2」ぺりかん社 2012年5月

「工場で働く人たち：しごとの現場としくみがわかる!―しごと場見学!」ぺりかん社 2015年7月

「自然の材料と昔の道具 3」さ・え・ら書房 2016年4月

業界を知る

「職場体験完全ガイド 61 (会社員編)」ポプラ社　2019年4月

製造業＞家電

「交流のしくみ：三相交流からパワーエレクトロニクスまで」講談社(ブルーバックス)　2016年3月

製造業＞自動車

「EVと自動運転：クルマをどう変えるか」岩波書店(岩波新書 新赤版)　2018年5月

「NHKプロフェッショナル仕事の流儀 1」ポプラ社　2018年4月

「Q&A式自転車完全マスター 3」ベースボール・マガジン社　2012年9月

「エコカー技術の最前線：どこまでも進化する燃費改善と排出ガスのクリーン化に迫る」SBクリエイティブ(サイエンス・アイ新書)　2017年1月

「データと地図で見る日本の産業 4」ポプラ社　2014年4月

「ベンツと自動車—世界の伝記科学のパイオニア」玉川大学出版部　2016年5月

「工場で働く人たち：しごとの現場としくみがわかる!—しごと場見学!」ぺりかん社　2015年7月

「自動運転でGO!：クルマの新時代がやってくる」マイナビ出版(マイナビ新書)　2017年2月

「自動車まるごと図鑑：電気自動車燃料電池車次世代エコカーを徹底比較!—もっと知りたい!図鑑」ポプラ社　2015年4月

「実践!体験!みんなでストップ温暖化 4 (地域と家庭で!地球を守るエコ活動)」学研教育出版　2011年2月

「職場体験完全ガイド 49」ポプラ社　2016年4月

「図解・燃料電池自動車のメカニズム：水素で走るしくみから自動運転の未来まで」講談社(ブルーバックス)　2016年2月

「世界がおどろいた!のりものテクノロジー自動車の進化」ほるぷ出版　2016年1月

「電気自動車：「燃やさない文明」への大転換」筑摩書房(ちくまプリマー新書)　2010年2月

「本田宗一郎：ものづくり日本を世界に示した技術屋魂：技術者・実業家・ホンダ創業者〈日本〉—ちくま評伝シリーズ〈ポルトレ〉」筑摩書房　2014年9月

製造業＞食品工業

「「食」の未来で何が起きているのか：「フードテック」のすごい世界」青春出版社(青春新書INTELLIGENCE)　2021年1月

「ガリガリ君工場見学 = GariGarikun Ice Factory Tour! ：アイスキャンディができるまで」汐文社　2012年3月

「こうじょうたんけん たべもの編」WAVE出版　2015年1月

業界を知る

「こうじょうたんけん たべもの編2」WAVE出版　2016年2月

「データと地図で見る日本の産業 5」ポプラ社　2014年4月

「トマト缶の黒い真実」太田出版（ヒストリカル・スタディーズ）　2018年3月

「ニッポンの肉食：マタギから食肉処理施設まで」筑摩書房（ちくまプリマー新書）　2017年12月

「ヒット商品研究所へようこそ！：「ガリガリ君」「瞬足」「青い鳥文庫」はこうして作られる─世の中への扉」講談社　2011年7月

「甘くてかわいいお菓子の仕事：自分流・夢の叶え方─14歳の世渡り術」河出書房新社　2017年3月

「教養としてのビール：知的遊戯として楽しむためのガイドブック」SBクリエイティブ（サイエンス・アイ新書）　2019年3月

「工場で働く人たち：しごとの現場としくみがわかる！─しごと場見学！」ぺりかん社　2015年7月

「今日からなくそう！食品ロス：わたしたちにできること 1」汐文社　2020年8月

「最新ウイスキーの科学：熟成の香味を生む驚きのプロセス」講談社（ブルーバックス）　2018年2月

「職場体験学習に行ってきました。：中学生が本物の「仕事」をやってみた！4」学研教育出版　2014年2月

「職場体験完全ガイド 66」ポプラ社　2020年4月

「食肉にかかわる仕事：畜産従事者 食肉センタースタッフ ハム・ソーセージ加工スタッフ：マンガ─知りたい！なりたい！職業ガイド」ほるぷ出版　2010年2月

「探検！ものづくりと仕事人 マヨネーズ・ケチャップ・しょうゆ」ぺりかん社　2012年8月

「日本酒の科学：水・米・麹の伝統の技」講談社（ブルーバックス）　2015年9月

「乳酸菌の疑問50─みんなが知りたいシリーズ；14」成山堂書店　2020年6月

「発酵・醸造の疑問50─みんなが知りたいシリーズ；12」成山堂書店　2019年6月

製造業＞食品工業＞パン、菓子

「パンの大研究：世界中で食べられている！：種類・作り方から歴史まで」PHP研究所　2010年4月

「甘くてかわいいお菓子の仕事：自分流・夢の叶え方─14歳の世渡り術」河出書房新社　2017年3月

「職場体験学習に行ってきました。：中学生が本物の「仕事」をやってみた！11」学研プラス　2016年2月

「探検！ものづくりと仕事人：「これが好き！」と思ったら、読む本 チョコレート菓子・ポテトチップス・アイス」ぺりかん社　2013年11月

業界を知る

生命保険業

「証券・保険業界で働く―なるにはBOOKS；補巻23」ぺりかん社　2019年6月

専門店＞パティスリー、洋菓子店

「ケーキ屋さん・カフェで働く人たち：しごとの現場としくみがわかる!―しごと場見学!」ぺりかん社　2015年5月

葬祭業

「葬祭業界で働く―なるにはBOOKS；補巻15」ぺりかん社　2015年1月

造船業

「造船の技術：どうやって巨大な船体を組み立てる?大きなエンジンは船にどう載せるの?」SBクリエイティブ（サイエンス・アイ新書）　2013年10月

畜産業

「イギリス肉食革命：胃袋から生まれた近代」平凡社（平凡社新書）　2018年3月

「うちは精肉店」農山漁村文化協会　2013年3月

「おいしく安心な食と農業［3］」文研出版　2021年11月

「チーズの科学：ミルクの力、発酵・熟成の神秘」講談社（ブルーバックス）　2016年11月

「データと地図で見る日本の産業 2」ポプラ社　2014年4月

「どうする・どうなる口蹄疫」岩波書店（岩波科学ライブラリー）　2010年10月

「牛乳とタマゴの科学：完全栄養食品の秘密」講談社（ブルーバックス）　2013年5月

「食肉にかかわる仕事：畜産従事者 食肉センタースタッフ ハム・ソーセージ加工スタッフ：マンガ―知りたい!なりたい!職業ガイド」ほるぷ出版　2010年2月

「生き物を育成する仕事：養蜂業者 養殖漁業者 馬の牧場スタッフ：マンガ 新版―知りたい!なりたい!職業ガイド」ほるぷ出版　2020年3月

「動物はわたしたちの大切なパートナー 2」WAVE出版　2021年12月

「培養肉とは何か?」岩波書店（岩波ブックレット）　2022年12月

「未来をつくる!日本の産業 1（農業 上）」ポプラ社　2021年4月

畜産業＞屠畜

「ぶたにく」幻冬舎エデュケーション　2010年1月

「屠畜のお仕事―シリーズお仕事探検隊」解放出版社　2021年4月

業界を知る

畜産業＞酪農

「キャリア教育支援ガイドお仕事ナビ 7」理論社　2015年10月

「しあわせの牛乳：牛もしあわせ!おれもしあわせ!―生きかた」ポプラ社（ポプラ社ノンフィクション）　2018年3月

「牧場・農場で働く人たち：しごとの現場としくみがわかる!―しごと場見学!」ぺりかん社　2014年12月

ツーリズム、観光業

「職場体験完全ガイド 38」ポプラ社　2014年4月

「通訳者・通訳ガイドになるには―なるにはBOOKS」ぺりかん社　2019年2月

「未来をつくる!日本の産業 7」ポプラ社　2021年4月

「料理旅行スポーツのしごと：人気の職業早わかり!」PHP研究所　2010年10月

鉄鋼業

「NHKプロフェッショナル仕事の流儀 2」ポプラ社　2018年4月

「人はどのように鉄を作ってきたか：4000年の歴史と製鉄の原理」講談社（ブルーバックス）2017年5月

鉄鋼業＞たたら製鉄

「人はどのように鉄を作ってきたか：4000年の歴史と製鉄の原理」講談社（ブルーバックス）2017年5月

テレビ業界

「職場体験学習に行ってきました。：中学生が本物の「仕事」をやってみた! 9」学研教育出版　学研マーケティング（発売）2014年2月

電気事業

「電力自由化で何が変わるか」岩波書店（岩波ブックレット）　2016年4月

農業、農耕

「「あまった食べ物」が農業を救う：ウンコと生ゴミを生かす循環社会」PHP研究所（PHPサイエンス・ワールド新書）　2012年6月

「「育つ土」を作る家庭菜園の科学：有機物や堆肥をどう活かすか」講談社（ブルーバックス）2014年12月

「13歳からの食と農：家族農業が世界を変える」かもがわ出版　2020年11月

「21歳男子、過疎の山村に住むことにしました」岩波書店（岩波ジュニア新書）　2014年5月

業界を知る

「NHKプロフェッショナル仕事の流儀 6」ポプラ社　2018年4月

「あきらめないことにしたの」新日本出版社　2015年6月

「いちばん大切な食べものの話：どこで誰がどうやって作ってるか知ってる?」筑摩書房（ちくまQブックス）　2022年11月

「おいしい穀物の科学：コメ、ムギ、トウモロコシからソバ、雑穀まで」講談社（ブルーバックス）2014年6月

「おいしく安心な食と農業 [2]」文研出版　2021年10月

「カレーライスを一から作る：関野吉晴ゼミー生きかた」ポプラ社（ポプラ社ノンフィクション）2017年11月

「キャリア教育支援ガイドお仕事ナビ 7」理論社　2015年10月

「コメの歴史を変えたコシヒカリー農業に奇跡を起こした人たち；第1巻」汐文社　2013年7月

「タガヤセ!日本：「農水省の白石さん」が農業の魅力教えます―14歳の世渡り術」河出書房新社　2022年7月

「データと地図で見る日本の産業 1」ポプラ社　2014年4月

「データと地図で見る日本の産業 2」ポプラ社　2014年4月

「ビジュアル版近代日本移民の歴史 1」汐文社　2016年5月

「ミャンマーで米、ひとめぼれを作る―世界のあちこちでニッポン」理論社　2017年2月

「よくわかる米の事典 1」小峰書店　2016年4月

「よくわかる米の事典 2」小峰書店　2016年4月

「よくわかる米の事典 3」小峰書店　2016年4月

「よくわかる米の事典 5」小峰書店　2016年4月

「わたしたちの地球環境と天然資源：環境学習に役立つ! 3」新日本出版社　2018年7月

「気候帯でみる!自然環境 2 (乾燥帯)」少年写真新聞社　2012年12月

「職場体験学習に行ってきました。：中学生が本物の「仕事」をやってみた! 14」学研プラス2016年2月

「食べるってどんなこと?：あなたと考えたい命のつながりあい―中学生の質問箱」平凡社2017年11月

「食べるとはどういうことか：世界の見方が変わる三つの質問―かんがえるタネ」農山漁村文化協会　2019年3月

「食料自給率を考える―世界と日本の食料問題」文研出版　2012年1月

「食料問題にたちむかう―世界と日本の食料問題」文研出版　2012年2月

業界を知る

「人類の歴史を変えた8つのできごと 1（言語・宗教・農耕・お金編）」岩波書店（岩波ジュニア新書） 2012年4月

「水問題にたちむかう―世界と日本の水問題」文研出版 2011年2月

「世界にはばたけ!明日の農業・未来の漁業 1」教育画劇 2019年2月

「世界にはばたけ!明日の農業・未来の漁業 2」教育画劇 2019年4月

「世界にはばたけ!明日の農業・未来の漁業 3」教育画劇 2019年4月

「大粒ブドウの時代をつくった巨峰―農業に奇跡を起こした人たち」汐文社 2014年2月

「地球を救う新世紀農業：アグロエコロジー計画」筑摩書房（ちくまプリマー新書） 2010年3月

「池上彰のニュースに登場する世界の環境問題 3（食糧）」さ・え・ら書房 2010年4月

「池上彰のニュースに登場する世界の環境問題 9（公害）」さ・え・ら書房 2011年4月

「鳥獣害：動物たちと、どう向きあうか」岩波書店（岩波新書 新赤版） 2016年8月

「天下泰平の時代―シリーズ日本近世史；3」岩波書店（岩波新書 新赤版） 2015年3月

「都会を出て田舎で0円生活はじめました」サンクチュアリ出版（sanctuary books） 2022年8月

「土に生かされた暮らしをつなぐ：村に帰った「サマショール」の夢―それでも「ふるさと」. あの日から10年」農山漁村文化協会 2021年1月

「日本の食糧が危ない」岩波書店（岩波新書 新赤版） 2011年5月

「日本の伝統文化仕事図鑑 [1]」金の星社 2019年3月

「日本一小さな農業高校の学校づくり：愛農高校、校舎たてかえ顛末記」岩波書店（岩波ジュニア新書） 2017年4月

「日本人にとって自然とはなにか」筑摩書房（ちくまプリマー新書） 2019年7月

「農はいのちをつなぐ」岩波書店（岩波ジュニア新書） 2023年11月

「農は過去と未来をつなぐ：田んぼから考えたこと」岩波書店（岩波ジュニア新書） 2010年8月

「農学が世界を救う!：食料・生命・環境をめぐる科学の挑戦」岩波書店（岩波ジュニア新書） 2017年10月

「農業がわかると、社会のしくみが見えてくる：高校生からの食と農の経済学入門」家の光協会 2010年10月

「農業がわかると、社会のしくみが見えてくる：高校生からの食と農の経済学入門 新版」家の光協会 2018年4月

「農業と人間：ビジュアル大事典」農山漁村文化協会 2013年3月

「農業者という生き方―発見!しごと偉人伝」ぺりかん社 2014年9月

「農業者になるには―なるにはbooks；46」ぺりかん社 2011年11月

「農山村は消滅しない」岩波書店（岩波新書 新赤版） 2014年12月

業界を知る

「米―おいしく安心な食と農業」文研出版 2021年9月

「北限の稲作にいどむ：″百万石を夢みた男″中山久蔵物語」農山漁村文化協会 2012年12月

「牧場・農場で働く人たち：しごとの現場としくみがわかる!―しごと場見学!」ぺりかん社 2014年12月

「未来へつなぐ食のバトン：映画『100年ごはん』が伝える農業のいま」筑摩書房（ちくまプリマー新書） 2015年6月

「未来をつくる!日本の産業 1（農業 上）」ポプラ社 2021年4月

「未来をつくる!日本の産業 2」ポプラ社 2021年4月

「有機農業で変わる食と暮らし：ヨーロッパの現場から」岩波書店（岩波ブックレット） 2021年4月

「和の文化を発見する水とくらす日本のわざ 1」汐文社 2019年2月

農業、農耕＞家族農業

「13歳からの食と農：家族農業が世界を変える」かもがわ出版 2020年11月

販売業

「化学のしごと図鑑：きみの未来をさがしてみよう」化学同人 2019年3月

「職場体験完全ガイド 19」ポプラ社 2010年3月

「職場体験完全ガイド 49」ポプラ社 2016年4月

「職場体験完全ガイド 53」ポプラ社 2017年4月

「職場体験完全ガイド 64（会社員編）」ポプラ社 2019年4月

「戦う商業高校生リテールマーケティング戦隊」栄光 2017年4月

「売るしごと：営業・販売・接客：会社の中にはどんな職種があるのかな?―会社のしごと；1」ぺりかん社 2011年11月

「販売員・ファッションアドバイザーになるには―なるにはBOOKS；35」ぺりかん社 2016年6月

「夢のお仕事さがし大図鑑：名作マンガで「すき!」を見つける 1」日本図書センター 2016年9月

ビル管理業務

「ビルメンテナンススタッフになるには―なるにはBOOKS；145」ぺりかん社 2017年3月

福祉、医療産業

「介護職がいなくなる：ケアの現場で何が起きているのか」岩波書店（岩波ブックレット） 2019年9月

業界を知る

「職場体験学習に行ってきました。：中学生が本物の「仕事」をやってみた! 1」学研教育出版
2014年2月

「職場体験学習に行ってきました。：中学生が本物の「仕事」をやってみた! 2」学研教育出版
2014年2月

「理科はこんなに面白い：身近な自然のふしぎ 改訂新装版」東京図書出版 2015年5月

物流業、倉庫業

「「物流」で働く―なるにはBOOKS；補巻12」ぺりかん社 2012年6月

「会社のしごと：会社の中にはどんな職種があるのかな? 5」ぺりかん社 2013年12月

「物流の大研究：どうやって運んでいるの?：生きた魚・動物から新幹線まで」PHP研究所
2013年1月

「本のことがわかる本 3」ミネルヴァ書房 2015年9月

不動産業

「高校生からの不動産鑑定士入門：日本唯一の不動産学部がジョブ型雇用時代に輝く仕事の
魅力を伝えます」住宅新報出版 2022年5月

ものづくり

「ふで：奈良筆◆奈良県奈良市―伝統工芸の名人に会いに行く；4」岩崎書店 2022年4月

「不便益のススメ：新しいデザインを求めて」岩波書店(岩波ジュニア新書) 2019年2月

養殖、養殖業

「クニマスは生きていた!」汐文社 2017年11月

「宇宙マグロのすしを食べる：魔法の水「好適環境水」誕生物語」旬報社 2021年5月

「海まるごと大研究 4 (海の生き物はどんなくらしをしているの?)」講談社 2016年2月

「現代人の伝記：人間てすばらしい、生きるってすばらしい 2」致知出版社 2010年7月

「森・川・海つながるいのち―守ってのこそう!いのちつながる日本の自然；5」童心社 2011年1
月

「身近な生き物淡水魚・淡水生物 3」汐文社 2020年3月

「生き物を育成する仕事：養蜂業者 養殖漁業者 馬の牧場スタッフ：マンガ 新版―知りたい!
なりたい!職業ガイド」ほるぷ出版 2020年3月

養蜂業

「生き物を育成する仕事：養蜂業者 養殖漁業者 馬の牧場スタッフ：マンガ 新版―知りたい!
なりたい!職業ガイド」ほるぷ出版 2020年3月

業界を知る

林業

「山をつくる：東京チェンソーズの挑戦」小峰書店　2020年12月

「森と日本人の1500年」平凡社（平凡社新書）　2014年10月

「日本の森林と林業：森林学習のための教本 第2版」大日本山林会　2012年5月

「日本の伝統文化仕事図鑑 [1]」金の星社　2019年3月

「本当はすごい森の話：林業家からのメッセージ―ちしきのもり」少年写真新聞社　2016年12月

「未来をつくる!日本の産業 3」ポプラ社　2021年4月

「木が泣いている：日本の森でおこっていること」岩波書店（岩波ジュニアスタートブックス）
2023年6月

【進路を知る】

AO、推薦入試

「AO入試を受ける前に知っておいて欲しいこと：早慶AO入試完全攻略法」エール出版社
（Yell books）2011年6月

「医学部入試面接集中講義 改訂4版―小林公夫の集中講義」エール出版社（Yell books）
2016年10月

「教授だから知っている大学入試のトリセツ」筑摩書房（ちくまプリマー新書）2019年3月

高校入試

「高校受験で成功する!中学生の合格ノート教科別必勝ポイント55―ジュニアシリーズ」メイツ出
版（コツがわかる本）2014年2月

「高校受験で成功する!中学生の合格ルール教科別必勝の勉強法60―ジュニアシリーズ」メイ
ツ出版（コツがわかる本）2016年2月

「進学力で見た!全国高校最新格付け：一流大学への道は高校選びで決まる!」エール出版社
（Yell books）2010年6月

公務員試験

「公務員試験に絶対合格する勉強法：短期合格メソッド」エール出版社（Yell books）2010年
2月

進路、進学

「キャリア教育のウソ」筑摩書房（ちくまプリマー新書）2013年6月

「スポーツを仕事にする!」筑摩書房（ちくまプリマー新書）2010年9月

「なぜ私たちは理系を選んだのか：未来につながる〈理〉のチカラ」岩波書店（岩波ジュニアス
タートブックス）2021年5月

「ひとり―15歳の寺子屋」講談社 2010年10月

「ミライを生きる君たちへの特別授業」岩波書店（岩波ジュニアスタートブックス）2021年7月

「やりたいことがわからない高校生のための最高の職業と進路が見つかるガイドブック」
KADOKAWA 2023年11月

「やりたいことが見つからない君へ」小学館（小学館YouthBooks）2021年10月

「医学部：中高生のための学部選びガイド―なるにはBOOKS. 大学学部調べ」ぺりかん社
2018年9月

「栄養学部：中高生のための学部選びガイド―なるにはBOOKS. 大学学部調べ」ぺりかん社
2019年7月

進路を知る

「音楽学部：中高生のための学部選びガイド―なるにはBOOKS. 大学学部調べ」ぺりかん社 2023年11月

「外国語学部：中高生のための学部選びガイド―なるにはBOOKS. 大学学部調べ」ぺりかん社 2019年8月

「学歴入門―14歳の世渡り術」河出書房新社 2013年1月

「環境学部：中高生のための学部選びガイド―なるにはBOOKS. 大学学部調べ」ぺりかん社 2020年4月

「看護学部・保健医療学部―なるにはBOOKS. 大学学部調べ」ぺりかん社 2017年4月

「教育学部：中高生のための学部選びガイド―なるにはBOOKS. 大学学部調べ」ぺりかん社 2018年6月

「教師が薦める大学 改訂新版」エール出版社（Yell books） 2011年10月

「教養学部：中高生のための学部選びガイド―なるにはBOOKS. 大学学部調べ」ぺりかん社 2020年6月

「経営学部・商学部：中高生のための学部選びガイド―なるにはBOOKS. 大学学部調べ」ぺりかん社 2019年4月

「経済学部：中高生のための学部選びガイド―なるにはBOOKS. 大学学部調べ」ぺりかん社 2021年5月

「芸術学部：中高生のための学部選びガイド―なるにはBOOKS. 大学学部調べ」ぺりかん社 2022年6月

「工学部：中高生のための学部選びガイド―なるにはBOOKS. 大学学部調べ」ぺりかん社 2018年5月

「国際学部：中高生のための学部選びガイド―なるにはBOOKS. 大学学部調べ」ぺりかん社 2021年4月

「歯学部：中高生のための学部選びガイド―なるにはBOOKS. 大学学部調べ」ぺりかん社 2022年11月

「社会学部・観光学部―なるにはBOOKS. 大学学部調べ」ぺりかん社 2017年7月

「社会福祉学部：中高生のための学部選びガイド―なるにはBOOKS. 大学学部調べ」ぺりかん社 2021年11月

「獣医学部：中高生のための学部選びガイド―なるにはBOOKS. 大学学部調べ」ぺりかん社 2019年6月

「商業科高校：中学生のキミと学校調べ―なるにはBOOKS. 高校調べ」ぺりかん社 2023年8月

「情報学部：中高生のための学部選びガイド―なるにはBOOKS. 大学学部調べ」ぺりかん社 2022年6月

進路を知る

「心理学部：中高生のための学部選びガイド―なるにはBOOKS. 大学学部調べ」ぺりかん社
2023年11月

「進学力で見た!全国高校最新格付け：一流大学への道は高校選びで決まる!」エール出版社
(Yell books) 2010年6月

「人間科学部：中高生のための学部選びガイド―なるにはBOOKS. 大学学部調べ」ぺりかん
社 2022年1月

「生活科学部・家政学部：中高生のための学部選びガイド―なるにはBOOKS. 大学学部調
べ」ぺりかん社 2022年12月

「素敵なオトナ図鑑 = Sutekinaotona visual dictionary：身近な素敵な大人を紹介する図鑑」
AmazingAdventure 星雲社 2022年3月

「総合学科高校：中学生のキミと学校調べ―なるにはBOOKS. 高校調べ」ぺりかん社 2023年
4月

「体育学部・スポーツ科学部：中高生のための学部選びガイド―なるにはBOOKS. 大学学部
調べ」ぺりかん社 2023年5月

「男子が10代のうちに考えておきたいこと」岩波書店(岩波ジュニア新書) 2019年7月

「東大生・医者・弁護士になれる人の思考法」筑摩書房(ちくまプリマー新書) 2010年5月

「農学部：中高生のための学部選びガイド―なるにはBOOKS. 大学学部調べ」ぺりかん社
2021年8月

「農業科高校：中学生のキミと学校調べ―なるにはBOOKS. 高校調べ」ぺりかん社 2023年10
月

「農業高校へ行こう!」家の光協会 2019年8月

「文学部―なるにはBOOKS. 大学学部調べ」ぺりかん社 2017年8月

「法学部：中高生のための学部選びガイド―なるにはBOOKS. 大学学部調べ」ぺりかん社
2018年5月

「未来の医療で働くあなたへ―14歳の世渡り術」河出書房新社 2021年10月

「薬学部：中高生のための学部選びガイド―なるにはBOOKS. 大学学部調べ」ぺりかん社
2020年7月

「理学部・理工学部―なるにはBOOKS. 大学学部調べ」ぺりかん社 2017年6月

大学入試

「〈できること〉の見つけ方：全盲女子大生が手に入れた大切なもの」岩波書店(岩波ジュニア
新書) 2014年11月

「0円で東大早慶に合格する方法」エール出版社(Yell books) 2011年4月

進路を知る

「10代と語る英語教育：民間試験導入延期までの道のり」筑摩書房（ちくまプリマー新書）
2020年8月

「6ケ月で早慶に受かる超勉強法」エール出版社（Yell books）2011年5月

「AO入試を受ける前に知っておいて欲しいこと：早慶AO入試完全攻略法」エール出版社
（Yell books）2011年6月

「いま知らないと後悔する2024年の大学入試改革」青春出版社（青春新書INTELLIGENCE）
2021年11月

「ゼロから始める医学部受験 改訂4版」エール出版社（Yell books）2012年11月

「ロボットは東大に入れるか 改訂新版」新曜社（よりみちパン!セ）2018年5月

「医学部学士編入ラクラク突破法 改訂4版」エール出版社（Yell books）2010年5月

「医学部生が教える勝利をつかむ参考書術」エール出版社（Yell books）2010年2月

「医学部入試面接集中講義 改訂4版―小林公夫の集中講義」エール出版社（Yell books）
2016年10月

「一発逆転(秘)裏ワザ勉強法 '22年版」エール出版社（Yell books）2021年1月

「一発逆転(秘)裏ワザ勉強法 '24年版」エール出版社（Yell books）2023年1月

「看護学部からの医学部再受験」エール出版社（Yell books）2012年11月

「教師が薦める大学 改訂新版」エール出版社（Yell books）2011年10月

「教授だから知っている大学入試のトリセツ」筑摩書房（ちくまプリマー新書）2019年3月

「現役カリスマ慶應生の受験スランプ脱出作戦：受験準備から大学デビューまで77の悩みを
Q&Aでスッキリ解消!」エール出版社（Yell books）2011年12月

「現役京大生が教える今まで誰も教えてくれなかった京大入試の超効率的勉強法」エール出
版社（Yell books）2010年1月

「現役京大生が教える大学入試数学の効率的勉強法 入門編―解ける数学シリーズ」エール
出版社（Yell books）2012年10月

「現役京大生が伝授する大学入試数学の効率的勉強法 基本編―解ける数学シリーズ」エー
ル出版社（Yell books）2013年1月

「現役生の勝利をつかむ時間割作戦」エール出版社（Yell books）2011年6月

「公式で解く!!看護医療福祉系小論文 改訂5版」エール出版社（Yell books）2010年11月

「合格する小論文技術習得講義：慶應SFCダブル合格の講師が解説 改訂3版」エール出版
社（Yell books）2012年2月

「志望大合格する参考書・ムダな参考書 2011年版」エール出版社（Yell books）2010年2月

「私の医学部合格作戦 2014年版」エール出版社（Yell books）2013年7月

進路を知る

「私の東大合格作戦 2011年版」エール出版社（Yell books） 2010年6月

「私の東大合格作戦 2012年版」エール出版社（Yell books） 2011年7月

「私の東大合格作戦 2013年版」エール出版社（Yell books） 2012年7月

「私の東大合格作戦 2014年版」エール出版社（Yell books） 2013年8月

「私の東大合格作戦 2015年版」エール出版社（Yell books） 2014年8月

「私の東大合格作戦 2016年版」エール出版社（Yell books） 2015年7月

「私の東大合格作戦 2017年版」エール出版社（Yell books） 2016年8月

「私の東大合格作戦 2018年版」エール出版社（Yell books） 2017年7月

「私の東大合格作戦 2019年版」エール出版社（Yell books） 2018年8月

「私の東大合格作戦 2020年版」エール出版社（Yell books） 2019年8月

「私の東大合格作戦 2021年版」エール出版社（Yell books） 2020年7月

「私の東大合格作戦 2022年版」エール出版社（Yell books） 2021年8月

「私の東大合格作戦 2023年版」エール出版社（Yell books） 2022年9月

「受験学力」集英社（集英社新書） 2017年3月

「打倒!センター試験の現代文」筑摩書房（ちくまプリマー新書） 2014年7月

「東大・京大・難関国公立大医学部合格への英語」エール出版社（Yell books） 2010年7月

「東大・京大生が教える〈合格者の勉強法〉」エール出版社（Yell books） 2010年1月

「東大・京大生が教える〈合格者の勉強法〉2012年版」エール出版社（Yell books） 2011年1月

「東大・京大生が教える〈合格者の勉強法〉2013年版」エール出版社（Yell books） 2012年1月

「東大・京大生が教える〈合格者の勉強法〉2014年版」エール出版社（Yell books） 2013年1月

「頭のいい人の考え方：入試現代文で身につく論理力」青春出版社（青春新書INTELLIGENCE） 2016年1月

「入試数学の掌握：総論編：テーマ別演習1」エール出版社（Yell books） 2011年10月

「偏差値45からの大学の選び方」筑摩書房（ちくまプリマー新書） 2023年4月

「劣等生の東大合格体験記―15歳の寺子屋」講談社 2010年2月

大学入試＞センター試験

「センター試験(超)ラクラク突破法 2012年版」エール出版社（Yell books） 2010年9月

「センター試験(超)ラクラク突破法 2013年版」エール出版社（Yell books） 2011年9月

「センター試験(超)ラクラク突破法 2014年版」エール出版社（Yell books） 2012年9月

「センター試験(超)ラクラク突破法 2015年版」エール出版社（Yell books） 2013年9月

進路を知る

「センター試験(超)ラクラク突破法 2016年版」エール出版社（Yell books） 2014年9月

「センター試験(超)ラクラク突破法 2017年版」エール出版社（Yell books） 2015年9月

「センター試験(超)ラクラク突破法 2018年版」エール出版社（Yell books） 2016年9月

「センター試験(超)ラクラク突破法 2019年版」エール出版社（Yell books） 2017年9月

「打倒!センター試験の現代文」筑摩書房（ちくまプリマー新書） 2014年7月

留学

「〈できること〉の見つけ方：全盲女子大生が手に入れた大切なもの」岩波書店（岩波ジュニア新書） 2014年11月

「わたしの外国語漂流記：未知なる言葉と格闘した25人の物語―14歳の世渡り術」河出書房新社 2020年2月

「高校留学アドバイス」岩波書店（岩波ジュニア新書） 2010年12月

収録作品一覧（作者の字順→出版社の字順並び）

ビジュアル版近代日本移民の歴史 1／「近代日本移民の歴史」編集委員会編／汐文社／2016 年 5 月

あの町工場から世界へ：世界の人々の生活に役立つ日本製品—世界のあちこちでニッポン／『あの町工場から世界へ』編集室編／理論社／2017 年 9 月

この町工場から世界へ：世界の人々の生活に役立つ日本製品—世界のあちこちでニッポン／『この町工場から世界へ』編集室編／理論社／2018 年 10 月

メジャーリーグのスゴイ話 図書館版—スポーツのスゴイ話；4／『野球太郎』編集部著／ポプラ社／2016 年 4 月

高校野球のスゴイ話 図書館版—スポーツのスゴイ話；2／『野球太郎』編集部著／ポプラ社／2016 年 4 月

高校野球のスゴイ話／『野球太郎』編集部著／ポプラ社（ポプラポケット文庫）／2014 年 6 月

メジャーリーグのスゴイ話／『野球太郎』編集部著／ポプラ社（ポプラポケット文庫）／2014 年 12 月

博物館のバックヤードを探検しよう!：博物館のすごい裏側大図鑑／DK 社編;小林玲子訳／河出書房新社／2021 年 6 月

小学校・中学校「撮って活用」授業ガイドブック：ふだん使いの 1 人 1 台端末・カメラ機能の授業活用／D-project 編集委員会編著監修／インプレス（Impress Teachers Learn）／2023 年 3 月

この数学、いったいいつ使うことになるの?／HalSaunders 著;森園子訳;猪飼輝子訳;二宮智子訳／共立出版／2019 年 5 月

甘くてかわいいお菓子の仕事：自分流・夢の叶え方—14 歳の世渡り術／KUNIKA 著／河出書房新社／2017 年 3 月

NHK スポーツ大陸 野茂英雄・松井秀喜・小笠原道大／NHK「スポーツ大陸」制作班編／金の星社／2010 年 8 月

NHK スポーツ大陸 松坂大輔・金本知憲・田中将大／NHK「スポーツ大陸」制作班編／金の星社／2010 年 11 月

NHK プロフェッショナル仕事の流儀 1／NHK「プロフェッショナル」制作班編／ポプラ社／2018 年 4 月

NHK プロフェッショナル仕事の流儀 2／NHK「プロフェッショナル」制作班編／ポプラ社／2018 年 4 月

NHK プロフェッショナル仕事の流儀 3／NHK「プロフェッショナル」制作班編／ポプラ社／2018 年 4 月

NHK プロフェッショナル仕事の流儀 4／NHK「プロフェッショナル」制作班編／ポプラ社／2018 年 4 月

NHK プロフェッショナル仕事の流儀 5／NHK「プロフェッショナル」制作班編／ポプラ社／2018 年 4 月

NHK プロフェッショナル仕事の流儀 6／NHK「プロフェッショナル」制作班編／ポプラ社／2018 年 4 月

かたちで覚えよう!はじめての都道府県：NHK 見えるぞ!ニッポン／NHK 出版編;寺田登監修／NHK 出版／2011 年 1 月

化学：美しい原理と恵み／PeterAtkins 著;渡辺正訳／丸善出版（サイエンス・パレット）／2014 年 3 月

料理旅行スポーツのしごと：人気の職業早わかり!／PHP 研究所編／PHP 研究所／2010 年 10 月

ファッション建築 IT のしごと：人気の職業早わかり!／PHP 研究所編／PHP 研究所／2011 年 2 月

医療・福祉・教育のしごと：人気の職業早わかり!／PHP 研究所編／PHP 研究所／2011 年 5 月

マスコミ芸能創作のしごと：人気の職業早わかり!／PHP 研究所編／PHP 研究所／2011 年 6 月

バトルスピリッツコンプリートカタログ ＝Battle Spirits Complete Catalog：バトルスピリッツ trading card game 4—V ジャンプブックス. バンダイ公式ガイド／V ジャンプ編集部企画・編集／集英社／2017 年 4 月

わたし×IT=最強説：女子＆ジェンダーマイノリティが IT で活躍するための手引書／Waffle 著;森田久美子執筆;田中沙弥果監修;斎藤明日美監修;辻田健太作監修;森田久美子監修／リトルモア／2023 年 9 月

医師の一日—医療・福祉の仕事見る知るシリーズ：10 代の君の「知りたい」に答えます／WILL こども知育研究所編著／保育社／2014 年 12 月

看護師の一日—医療・福祉の仕事見る知るシリーズ：10 代の君の「知りたい」に答えます／WILL こども知育研究所編著／保育社／2014 年 12 月

介護福祉士の一日―医療・福祉の仕事見る知るシリーズ：10代の君の「知りたい」に答えます／WILL こ
ども知育研究所編著／保育社／2015 年 3 月

救急救命士の一日―医療・福祉の仕事見る知るシリーズ：10代の君の「知りたい」に答えます／WILL こ
ども知育研究所編著／保育社／2015 年 3 月

助産師の一日―医療・福祉の仕事見る知るシリーズ：10代の君の「知りたい」に答えます／WILL こども
知育研究所編著／保育社／2015 年 3 月

管理栄養士の一日―医療・福祉の仕事見る知るシリーズ：10代の君の「知りたい」に答えます／WILL こ
ども知育研究所編著／保育社／2015 年 8 月

薬剤師の一日―医療・福祉の仕事見る知るシリーズ：10代の君の「知りたい」に答えます／WILL こども
知育研究所編著／保育社／2015 年 10 月

理学療法士の一日―医療・福祉の仕事見る知るシリーズ：10代の君の「知りたい」に答えます／WILL こ
ども知育研究所編著／保育社／2015 年 11 月

保健師の一日―医療・福祉の仕事見る知るシリーズ：10代の君の「知りたい」に答えます／WILL こども
知育研究所編著／保育社／2015 年 12 月

保育士の一日―医療・福祉の仕事見る知るシリーズ：10代の君の「知りたい」に答えます／WILL こども
知育研究所編著／保育社／2016 年 1 月

歯科医師の一日―医療・福祉の仕事見る知るシリーズ：10代の君の「知りたい」に答えます／WILL こど
も知育研究所編著／保育社／2016 年 8 月

社会福祉士の一日―医療・福祉の仕事見る知るシリーズ：10代の君の「知りたい」に答えます／WILL こ
ども知育研究所編著／保育社／2016 年 9 月

臨床検査技師の一日―医療・福祉の仕事見る知るシリーズ：10代の君の「知りたい」に答えます／WILL
こども知育研究所編著／保育社／2016 年 10 月

作業療法士の一日―医療・福祉の仕事見る知るシリーズ：10代の君の「知りたい」に答えます／WILL こ
ども知育研究所編著／保育社／2016 年 12 月

獣医師の一日―医療・福祉の仕事見る知るシリーズ：10代の君の「知りたい」に答えます／WILL こども
知育研究所編著／保育社／2017 年 2 月

臨床工学技士の一日―医療・福祉の仕事見る知るシリーズ：10代の君の「知りたい」に答えます／WILL
こども知育研究所編著／保育社／2017 年 6 月

診療放射線技師の一日―医療・福祉の仕事見る知るシリーズ：10代の君の「知りたい」に答えます／
WILL こども知育研究所編著／保育社／2017 年 7 月

歯科衛生士の一日―医療・福祉の仕事見る知るシリーズ：10代の君の「知りたい」に答えます／WILL こ
ども知育研究所編著／保育社／2017 年 9 月

柔道整復師の一日―医療・福祉の仕事見る知るシリーズ：10代の君の「知りたい」に答えます／WILL こ
ども知育研究所編著／保育社／2017 年 10 月

精神保健福祉士の一日―医療・福祉の仕事見る知るシリーズ：10代の君の「知りたい」に答えます／
WILL こども知育研究所編著／保育社／2017 年 12 月

言語聴覚士の一日―医療・福祉の仕事見る知るシリーズ／WILL こども知育研究所編著／保育社／2018 年
6 月

視能訓練士の一日―医療・福祉の仕事見る知るシリーズ／WILL こども知育研究所編著／保育社／2018 年
7 月

義肢装具士の一日―医療・福祉の仕事見る知るシリーズ／WILL こども知育研究所編著／保育社／2018 年
9 月

「在宅医療」で働く人の一日―医療・福祉の仕事見る知るシリーズ／WILL こども知育研究所編著／保育
社／2018 年 10 月

消防官の一日―暮らしを支える仕事見る知るシリーズ／WILL こども知育研究所編著／保育社／2019 年 8
月

公認心理師の一日―医療・福祉の仕事見る知るシリーズ／WILL こども知育研究所編著／保育社／2019 年

9月

弁護士・検察官・裁判官の一日―暮らしを支える仕事見る知るシリーズ／WILL こども知育研究所編著／保育社／2019年10月

建築士の一日―暮らしを支える仕事見る知るシリーズ／WILL こども知育研究所編著／保育社／2020年7月

パイロットの一日―暮らしを支える仕事見る知るシリーズ／WILL こども知育研究所編著／保育社／2020年12月

プログラマーの一日―暮らしを支える仕事見る知るシリーズ：10代の君の「知りたい」に答えます／WILL こども知育研究所編著／保育社／2021年1月

理容師・美容師の一日―暮らしを支える仕事見る知るシリーズ：10代の君の「知りたい」に答えます／WILL こども知育研究所編著／保育社／2021年6月

気象予報士の一日―暮らしを支える仕事見る知るシリーズ：10代の君の「知りたい」に答えます／WILL こども知育研究所編著／保育社／2022年1月

司書の一日―暮らしを支える仕事見る知るシリーズ：10代の君の「知りたい」に答えます／WILL こども知育研究所編著／保育社／2022年7月

10代の本棚：こんな本に出会いたい／あさのあつこ編著／岩波書店（岩波ジュニア新書）／2011年11月

ナイキ―知っているようで知らない会社の物語／アダム・サザーランド原著／彩流社／2015年1月

ナチ科学者を獲得せよ！：アメリカ極秘国家プロジェクトペーパークリップ作戦／アニー・ジェイコブセン著;加藤万里子訳／太田出版（ヒストリカル・スタディーズ）／2015年9月

世界を変えた知っておくべき100人の発見―インフォグラフィックスで学ぶ楽しいサイエンス／アビゲイル・ウィートリー文;ラン・クック文;ロブ・ロイド・ジョーンズ文;レオナール・デュポンイラスト;ロクサーヌ・カンポワイラスト;竹内薫訳・監修／小学館／2020年12月

動物の死は、かなしい？：元動物園飼育係が伝える命のはなし―14歳の世渡り術／あべ弘士著／河出書房新社／2010年8月

宇宙について知っておくべき100のこと―インフォグラフィックスで学ぶ楽しいサイエンス／アレックス・フリス文;アリス・ジェームズ文;ジェローム・マーティン文;フェデリコ・マリアーニイラスト;ショウ・ニールセンイラスト;竹内薫訳・監修／小学館／2017年7月

手で笑おう：手話通訳士になりたい／アン・マリー・リンストローム著;枇谷玲子訳／汐文社／2012年8月

ピカソはぼくの親友なんだ／アントニー・ペンローズ著;駒野谷肇訳／六耀社／2011年2月

ココとリトル・ブラック・ドレス／アンネマリー・ファン・ハーリンゲン作;川原あかね訳／文化学園文化出版局／2016年3月

通勤の社会史：毎日5億人が通勤する理由／イアン・ゲートリー著;黒川由美訳／太田出版（ヒストリカル・スタディーズ）／2016年4月

おしえてとぅーすはかせ！／いけすえええいこさく・え／三恵社／2020年10月

書こうとしない「かく」教室―MSLive!BOOKS／いしいしんじ著／ミシマ社／2022年4月

おもてなしの仕事―漫画家たちが描いた仕事：プロフェッショナル／いしぜきひでゆき著;藤栄道彦著;かわすみひろし著;矢島正雄著;引野真二著;埜納タオ著;いわしげ孝著／金の星社／2016年3月

美術の進路相談：絵の仕事をするために、描き続ける方法／イトウハジメ著／ポプラ社／2023年9月

不動産鑑定士・宅地建物取引士になるには―なるにはBOOKS；55／いのうえりえ著／ぺりかん社／2023年10月

永遠平和のために／イマヌエル・カント著;池内紀訳／集英社／2015年6月

家づくりにかかわる仕事：大工職人 畳職人 左官職人：マンガ―知りたい!なりたい!職業ガイド／ヴィットインターナショナル企画室編／ほるぷ出版／2010年2月

食肉にかかわる仕事：畜産従事者 食肉センタースタッフ ハム・ソーセージ加工スタッフ：マンガ―知りたい!なりたい!職業ガイド／ヴィットインターナショナル企画室編／ほるぷ出版／2010年2月

生き物を育成する仕事：養蜂業者 養殖漁業者 馬の牧場スタッフ：マンガ 新版―知りたい!なりたい!職業

ガイド／ヴィットインターナショナル企画室編／ほるぷ出版／2020 年 3 月

メンデルと遺伝―世界の伝記科学のパイオニア／ウィルマ・ジョージ作新美景子訳／玉川大学出版部／2016 年 5 月

東大・京大生が教える〈合格者の勉強法〉／エール出版社編／エール出版社／2010 年 1 月

東大・京大生が教える〈合格者の勉強法〉 2012 年版／エール出版社編／エール出版社／2011 年 1 月

東大・京大生が教える〈合格者の勉強法〉 2014 年版／エール出版社編／エール出版社／2013 年 1 月

私の東大合格作戦 2014 年版／エール出版社編／エール出版社／2013 年 8 月

医学部生が教える勝利をつかむ参考書術／エール出版社編／エール出版社（Yell books）／2010 年 2 月

私の東大合格作戦 2011 年版／エール出版社編／エール出版社（Yell books）／2010 年 6 月

私の東大合格作戦 2012 年版／エール出版社編／エール出版社（Yell books）／2011 年 7 月

東大・京大生が教える〈合格者の勉強法〉 2013 年版／エール出版社編／エール出版社（Yell books）／2012 年 1 月

私の東大合格作戦 2013 年版／エール出版社編／エール出版社（Yell books）／2012 年 7 月

私の医学部合格作戦 2014 年版／エール出版社編／エール出版社（Yell books）／2013 年 7 月

私の東大合格作戦 2015 年版／エール出版社編／エール出版社（Yell books）／2014 年 8 月

私の東大合格作戦 2016 年版／エール出版社編／エール出版社（Yell books）／2015 年 7 月

私の東大合格作戦 2017 年版／エール出版社編／エール出版社（Yell books）／2016 年 8 月

私の東大合格作戦 2018 年版／エール出版社編／エール出版社（Yell books）／2017 年 7 月

私の東大合格作戦 2019 年版／エール出版社編／エール出版社（Yell books）／2018 年 8 月

私の東大合格作戦 2020 年版／エール出版社編／エール出版社（Yell books）／2019 年 8 月

私の東大合格作戦 2021 年版／エール出版社編／エール出版社（Yell books）／2020 年 7 月

私の東大合格作戦 2022 年版／エール出版社編／エール出版社（Yell books）／2021 年 8 月

私の東大合格作戦 2023 年版／エール出版社編／エール出版社（Yell books）／2022 年 9 月

絵でわかる建物の歴史：古代エジプトから現代の超高層ビル、未来の火星基地まで／エドゥアルド・アルタルリバ著；ベルタ・バルディ・イ・ミラ著／伊藤史織訳／中島智章監修／エクスナレッジ／2020 年 4 月

発明家になった女の子マッティ／エミリー・アーノルド・マッカリー作宮坂宏美訳／光村教育図書／2017 年 9 月

世界を変えた 100 人の女の子の物語：グッドナイトストーリーフォーレベルガールズ／エレナ・ファヴィッリ文；フランチェスカ・カヴァッロ文／芹澤恵訳；高里ひろ訳／河出書房新社／2018 年 3 月

ゲームの仕事／オオノマサフミイラスト；株式会社セガゲームス著／ポプラ社（「好き」で見つける仕事ガイド）／2019 年 11 月

中学生のためのスイーツの教科書：13 歳からのパティシエ修業／おかやま山陽高校製菓科編／吉備人出版／2018 年 12 月

がんばれ！ニッポンの星オリンピックのスターたち／オグマナオト著／集英社（集英社みらい文庫）／2020 年 3 月

長谷川泰ものがたり：医に燃えた明治の越後人：新潟県長岡市新組地区御当地伝記マンガ／おんだちかこ漫画／郷土の偉人長谷川泰を語る会／2011 年 3 月

キャリア教育支援ガイドお仕事ナビ 1／お仕事ナビ編集室著／理論社／2014 年 8 月

キャリア教育支援ガイドお仕事ナビ 2／お仕事ナビ編集室著／理論社／2014 年 10 月

キャリア教育支援ガイドお仕事ナビ 3／お仕事ナビ編集室著／理論社／2014 年 11 月

キャリア教育支援ガイドお仕事ナビ 4／お仕事ナビ編集室著／理論社／2015 年 2 月

キャリア教育支援ガイドお仕事ナビ 5／お仕事ナビ編集室著／理論社／2015 年 3 月

キャリア教育支援ガイドお仕事ナビ 6／お仕事ナビ編集室著／理論社／2015 年 9 月

キャリア教育支援ガイドお仕事ナビ 7／お仕事ナビ編集室著／理論社／2015 年 10 月

キャリア教育支援ガイドお仕事ナビ 8／お仕事ナビ編集室著／理論社／2015 年 11 月

キャリア教育支援ガイドお仕事ナビ 9／お仕事ナビ編集室著／理論社／2016 年 1 月

キャリア教育支援ガイドお仕事ナビ 10／お仕事ナビ編集室著／理論社／2016 年 3 月

キャリア教育支援ガイドお仕事ナビ 11／お仕事ナビ編集室著／理論社／2017 年 7 月

キャリア教育支援ガイドお仕事ナビ 12／お仕事ナビ編集室著／理論社／2017 年 10 月

キャリア教育支援ガイドお仕事ナビ 13／お仕事ナビ編集室著／理論社／2017 年 12 月

キャリア教育支援ガイドお仕事ナビ 14／お仕事ナビ編集室著／理論社／2018 年 1 月

キャリア教育支援ガイドお仕事ナビ 15／お仕事ナビ編集室著／理論社／2018 年 1 月

キャリア教育支援ガイドお仕事ナビ 16／お仕事ナビ編集室著／理論社／2018 年 7 月

キャリア教育支援ガイドお仕事ナビ 17／お仕事ナビ編集室著／理論社／2018 年 9 月

キャリア教育支援ガイドお仕事ナビ 18／お仕事ナビ編集室著／理論社／2018 年 12 月

キャリア教育支援ガイドお仕事ナビ 19／お仕事ナビ編集室著／理論社／2019 年 2 月

キャリア教育支援ガイドお仕事ナビ 20／お仕事ナビ編集室著／理論社／2019 年 3 月

キャリア教育支援ガイドお仕事ナビ 21／お仕事ナビ編集室著／理論社／2020 年 5 月

キャリア教育支援ガイドお仕事ナビ 23／お仕事ナビ編集室著／理論社／2022 年 2 月

キャリア教育支援ガイドお仕事ナビ 22／お仕事ナビ編集室著／理論社／2022 年 7 月

キャリア教育支援ガイドお仕事ナビ 23／お仕事ナビ編集室著／理論社／2022 年 7 月

キャリア教育支援ガイドお仕事ナビ.24／お仕事ナビ編集室著／理論社／2023 年 2 月

キャリア教育支援ガイドお仕事ナビ.25／お仕事ナビ編集室著／理論社／2023 年 2 月

キャリア教育支援ガイドお仕事ナビ 26／お仕事ナビ編集室著／理論社／2023 年 8 月

キャリア教育支援ガイドお仕事ナビ.27／お仕事ナビ編集室著／理論社／2023 年 8 月

キャリア教育支援ガイドお仕事ナビ.25／お仕事ナビ編集室著／理論社／2023 年 12 月

自分がえらんだはたらき方：お仕事ノンフィクション 1／お仕事ノンフィクション編集部編／岩崎書店／2023 年 8 月

自分がえらんだはたらき方：お仕事ノンフィクション.2／お仕事ノンフィクション編集部編／岩崎書店／2023 年 8 月

自分がえらんだはたらき方：お仕事ノンフィクション.3／お仕事ノンフィクション編集部編／岩崎書店／2023 年 8 月

自分がえらんだはたらき方：お仕事ノンフィクション.4／お仕事ノンフィクション編集部編／岩崎書店／2023 年 8 月

自分がえらんだはたらき方：お仕事ノンフィクション.5／お仕事ノンフィクション編集部編／岩崎書店／2023 年 8 月

自分がえらんだはたらき方：お仕事ノンフィクション.5／お仕事ノンフィクション編集部編／岩崎書店／2023 年 10 月

解析的整数論.3／カール・ジーゲル著;片山孝次訳／岩波書店／2023 年 2 月

ミサイルの科学：現代戦に不可欠な誘導弾の秘密に迫る／かのよしのり著／SB クリエイティブ（サイエンス・アイ新書）／2016 年 4 月

カカ・ムラド〜ナカムラのおじさん／ガフワラ原作さだまさし訳・文他訳・文／双葉社／2020 年 12 月

プログラマーになろう!：遊んで、ためして、よくわかる：楽しく身につくプログラミングのきほん／キキ・プロッツマン著;片岡律子訳／化学同人／2020 年 11 月

エンジニアになろう!：つくってわかるテクノロジーのしくみ-見たい、知りたい、ためしたい／キャロル・ボーダマン監修;後藤真理子訳／化学同人／2020 年 2 月

ハッピー!おしゃれお仕事ナビ 1001：キラ☆カワ Girl-キラ☆カワ girls コレクション／キラ☆カワ girls 委員会監修／世界文化社／2013 年 10 月

負けない!：挑戦することは楽しいこと／クルム伊達公子著／ポプラ社（ポプラ社ノンフィクション）／2012 年 3 月

ロマン主義って、なんだろう?—Rikuyosha Children & YA Books. 図鑑：はじめてであう世界の美術／ケイト・リッグス編／六耀社／2017 年 8 月

写実主義って、なんだろう?—Rikuyosha Children & YA Books. 図鑑：はじめてであう世界の美術／ケイト・リッグス編／六耀社／2017 年 9 月

印象派って、なんだろう?—Rikuyosha Children & YA Books. 図鑑：はじめてであう世界の美術／ケイト・リッグス編／六耀社／2017年10月

モダニズムって、なんだろう?—Rikuyosha Children & YA Books. 図鑑：はじめてであう世界の美術／ケイト・リッグス編／六耀社／2017年12月

ピアノはともだち：奇跡のピアニスト辻井伸行の秘密／こうやまのりお作／講談社（講談社青い鳥文庫）／2016年7月

ピアノはともだち：奇跡のピアニスト辻井伸行の秘密—世の中への扉／こうやまのりお著／講談社／2011年4月

ヒット商品研究所へようこそ!：「ガリガリ君」「瞬足」「青い鳥文庫」はこうして作られる—世の中への扉／こうやまのりお著／講談社／2011年7月

Q&A式自転車完全マスター 3／こどもくらぶ企画・編集・著／ベースボール・マガジン社／2012年9月

町工場の底力 2(ロケットを飛ばす)／こどもくらぶ編さん／かもがわ出版／2013年10月

町工場の底力 4(深海をめざす)／こどもくらぶ編さん／かもがわ出版／2014年2月

工場の底力 1(職人の手わざ)／こどもくらぶ編集／かもがわ出版／2012年9月

外国語でスポーツ 3／こどもくらぶ編集／ベースボール・マガジン社／2015年12月

完訳天球回転論：コペルニクス天文学集成／コペルニクス著;高橋憲一訳・解説／みすず書房／2023年1月

高校生からのフロイト漫画講座／コリンヌ・マイエール作;アンヌ・シモン画;岸田秀訳／いそっぷ社／2014年4月

話したくなる世界の選挙：世界の選挙をのぞいてみよう／コンデックス情報研究所編集／清水書院／2016年8月

身近な生き物淡水魚・淡水生物 3／さいたま水族館監修／汐文社／2020年3月

動物の仕事をするには? 図書館版—マンガでわかるあこがれのお仕事／さがわゆめこイラスト;てるてる法師マンガ／金の星社／2021年1月

動物の仕事をするには?—マンガでわかるあこがれのお仕事／さがわゆめこイラスト;てるてる法師マンガ／金の星社／2021年6月

スイーツの仕事／サトウヨーコマンガ・イラスト／ポプラ社（「好き」で見つける仕事ガイド）／2019年3月

超リテラシー大全 ＝LITERACY ENCYCLOPEDIA／サンクチュアリ出版編／サンクチュアリ出版（sanctuary books）／2021年7月

二重らせん：DNAの構造を発見した科学者の記録／ジェームス・D・ワトソン著;江上不二夫訳;中村桂子訳／講談社（ブルーバックス）／2012年11月

大人になったら何になる?：大好きなことを仕事にした人たちからあなたへのメッセージ／ジェシカ・ロイ著;矢谷雅子訳／バベルプレス／2010年10月

時代をきりひらくIT企業と創設者たち 4／ジェニファー・ランドー著;スタジオアラフ訳;中村伊知哉監修／岩崎書店／2013年2月

ルース・ベイダー・ギンズバーグ ＝RUTH BADER GINSBURG／ジェフ・ブラックウェル編;ルース・ホブデイ編;橋本恵訳／あすなろ書房（信念は社会を変えた!）／2020年10月

エアバスA380を操縦する：巨大旅客機の離陸から着陸まで／ジブ・ヴォーゲル著;水谷淳訳／講談社（ブルーバックス）／2012年3月

トマト缶の黒い真実／ジャン＝バティスト・マレ著;田中裕子訳／太田出版（ヒストリカル・スタディーズ）／2018年3月

ミライを生きる君たちへの特別授業／ジュニスタ編集部編／岩波書店（岩波ジュニアスタートブックス）／2021年7月

世界を驚かせた女性の物語 [1]／ジョージア・アムソン・ブラッドショー著;リタ・ペトルッチオーリ絵;阿蘭ヒサコ訳／旬報社／2020年1月

世界を驚かせた女性の物語 [2]／ジョージア・アムソン・ブラッドショー著;リタ・ペトルッチオーリ絵;阿蘭

ヒサコ訳／旬報社／2020年1月

世界を驚かせた女性の物語 [3]／ジョージア・アムソン・ブラッドショー著;リタ・ペトルッチオーリ絵;阿蘭ヒサコ訳／旬報社／2020年1月

世界を驚かせた女性の物語 [4]／ジョージア・アムソン・ブラッドショー著;リタ・ペトルッチオーリ絵;阿蘭ヒサコ訳／旬報社／2020年1月

瞬発力の高め方／ジョーブログジョー著／サンクチュアリ出版（sanctuary books）／2018年3月

人がつなげる科学の歴史 2／ジョン・ファンドン著／文溪堂／2010年2月

時代をきりひらく IT企業と創設者たち 1／スーザン・ドビニク著;熊谷玲美訳;熊坂仁美監修／岩崎書店／2013年2月

時代をきりひらく IT企業と創設者たち 5／スーザン・メイヤー著;スタジオアラフ訳;熊坂仁美監修／岩崎書店／2013年2月

ポール・セザンヌ―Rikuyosha Children & YA Books. 世界の名画：巨匠と作品／スージー・ブルックス著／六耀社／2016年6月

鉄道運転マニュアル：運転体験に行こう!／スタジオタッククリエイティブ編集;高野哲三朗イラスト／スタジオタッククリエイティブ／2019年1月

世界の発掘現場と冒険家たち：考古学ふしぎ図鑑／ステファヌ・コンポワン文・写真;青柳正規日本語版監修;野中夏実訳／西村書店東京出版編集部／2013年6月

私、日本に住んでいます／スベンドリニ・カクシ著／岩波書店（岩波ジュニア新書）／2017年10月

オリンピックをささえるスポーツ・テクノロジー 1／スポーツデザイン研究所編著／汐文社／2019年12月

オリンピックをささえるスポーツ・テクノロジー 2／スポーツデザイン研究所編著／汐文社／2020年2月

オリンピックをささえるスポーツ・テクノロジー 3／スポーツデザイン研究所編著／汐文社／2020年3月

NHKタイムスクープハンター ＝Time Scoop Hunter：歴史の真実を探れ! Vol.2／タイムスクープ社監修／ポプラ社／2015年4月

NHKタイムスクープハンター ＝Time Scoop Hunter：歴史の真実を探れ! Vol.5／タイムスクープ社監修／ポプラ社／2015年4月

キャラクターデザインの仕事：ハッピークリエーター★たかいよしかず／たかいよしかず著／大日本図書／2012年2月

ベンツと自動車―世界の伝記科学のパイオニア／ダグ・ナイ作;吉井知代子訳／玉川大学出版部／2016年5月

ダムの科学：知られざる超巨大建造物の秘密に迫る 改訂版／ダム工学会近畿・中部ワーキンググループ著／SBクリエイティブ（サイエンス・アイ新書）／2019年12月

超訳種の起源：生物はどのように進化してきたのか―tanQブックス；15. 14歳の教室／チャールズ・ダーウィン著;夏目大訳／技術評論社／2012年4月

哲学の方法―哲学がわかる／ティモシー・ウィリアムソン著;廣瀬覚訳／岩波書店／2023年1月

芸術ってどんなもの?：体験しよう!近代彫刻の歴史／デビッド・A・カーター作;ジェームス・ダイアズ作;みずしまあさこ訳／大日本絵画／2014年

フローレンス・ナイチンゲール／デミ作;さくまゆみこ訳／光村教育図書／2016年12月

時代をきりひらく IT企業と創設者たち 6／テレーズ・シェイ著;スタジオアラフ訳;中村伊知哉監修／岩崎書店／2013年2月

おもちゃクリエータになるには／トイジャーナル編集局編著／ぺりかん社／2012年2月

数学ミステリーX教授を殺したのはだれだ!：容疑者はみんな数学者!?／トドリス・アンドリオプロス原作;タナシス・グキオカス漫画;竹内薫訳;竹内さなみ訳／講談社（ブルーバックス）／2015年11月

どうして、わたしはわたしなの?：トミ・ウンゲラーのすてきな人生哲学／トミ・ウンゲラー著;アトランさやか訳／現代書館／2021年2月

表現を究める―スタディサプリ三賢人の学問探究ノート：今を生きる学問の最前線読本；4／ドミニク・チェン著;川添愛著;水野祐著／ポプラ社／2021年3月

世界がおどろいた!のりものテクノロジー自動車の進化／トム・ジャクソン文:市川克彦監修／ほるぷ出版／
　2016年1月
プチ革命言葉の森を育てよう／ドリアン助川著／岩波書店（岩波ジュニア新書）／2014年7月
世界を変えるデザインの力 1（使う）／ナガオカケンメイ監修／教育画劇／2013年2月
ジョージ・ルーカス：「スター・ウォーズ」の生みの親／パム・ポラック著;メグ・ベルヴィソ著;田中奈津
　子訳／ポプラ社（ポプラ社ノンフィクション）／2015年11月
かべ：鉄のカーテンのむこうに育って／ピーター・シス作:福本友美子訳／BL出版／2010年11月
教科書にでてくる音楽家の伝記／ひのまどか監修:講談社編／講談社／2017年1月
「がんばらない」人生相談：南無そのまんま・そのまんま—14歳の世渡り術／ひろさちや著／河出書房新
　社／2014年6月
数学者-世界をうごかした科学者たち／フェリシア・ロー文:サラン・テイラー文:本郷尚子訳／ほるぷ出版
　／2020年3月
時代をきりひらくIT企業と創設者たち 3／ブジェジナ著;スタジオアラフ訳;中村伊知哉監修／岩崎書店／
　2013年2月
命を救う心を救う：途上国医療に人生をかける小児外科医「ジャパンハート」吉岡秀人／ふじもとみさと
　文／佼成出版社／2021年11月
この人を見よ!歴史をつくった人びと伝 27(湯川秀樹)／プロジェクト新・偉人伝著作・編集／ポプラ社／
　2010年2月
松井秀喜：夢への扉を開け!—スポーツスーパースター伝;1／ベースボール・マガジン社編／ベースボー
　ル・マガジン社／2010年8月
田中将大：夢への扉を開け!—スポーツスーパースター伝;5／ベースボール・マガジン社編／ベースボー
　ル・マガジン社／2011年2月
世界を変えた100の偉人：アリストテレスからスティーヴ・ジョブズまで／ベン・ジリランド著:左巻健男
　監修:竹花秀春訳／実業之日本社／2019年6月
ピーテル・ブリューゲル—Rikuyosha Children & YA Books. 世界の名画：巨匠と作品／ポール・ロケット
　著／六耀社／2016年7月
フランシスコ・ゴヤ—Rikuyosha Children & YA Books. 世界の名画：巨匠と作品／ポール・ロケット著
　／六耀社／2016年8月
職場体験完全ガイド 41／ポプラ社編集／ポプラ社／2015年4月
職場体験完全ガイド 42／ポプラ社編集／ポプラ社／2015年4月
職場体験完全ガイド 43／ポプラ社編集／ポプラ社／2015年4月
職場体験完全ガイド 44／ポプラ社編集／ポプラ社／2015年4月
職場体験完全ガイド 45／ポプラ社編集／ポプラ社／2015年4月
職場体験完全ガイド 46／ポプラ社編集／ポプラ社／2016年4月
職場体験完全ガイド 47／ポプラ社編集／ポプラ社／2016年4月
職場体験完全ガイド 48／ポプラ社編集／ポプラ社／2016年4月
職場体験完全ガイド 49／ポプラ社編集／ポプラ社／2016年4月
職場体験完全ガイド 50／ポプラ社編集／ポプラ社／2016年4月
職場体験完全ガイド 51／ポプラ社編集／ポプラ社／2017年4月
職場体験完全ガイド 52／ポプラ社編集／ポプラ社／2017年4月
職場体験完全ガイド 53／ポプラ社編集／ポプラ社／2017年4月
職場体験完全ガイド 54／ポプラ社編集／ポプラ社／2017年4月
職場体験完全ガイド 55／ポプラ社編集／ポプラ社／2017年4月
ジブン未来図鑑：職場体験完全ガイド＋1／ポプラ社編集／ポプラ社／2022年4月
ジブン未来図鑑：職場体験完全ガイド＋2／ポプラ社編集／ポプラ社／2022年4月
ジブン未来図鑑：職場体験完全ガイド＋3／ポプラ社編集／ポプラ社／2022年4月
ジブン未来図鑑：職場体験完全ガイド＋4／ポプラ社編集／ポプラ社／2022年4月

ジブン未来図鑑：職場体験完全ガイド＋5／ポプラ社編集／ポプラ社／2023年3月

ジブン未来図鑑：職場体験完全ガイド＋.10／ポプラ社編集／ポプラ社／2023年4月

ジブン未来図鑑：職場体験完全ガイド＋.7／ポプラ社編集／ポプラ社／2023年4月

ジブン未来図鑑：職場体験完全ガイド＋.8／ポプラ社編集／ポプラ社／2023年4月

ジブン未来図鑑：職場体験完全ガイド＋.9／ポプラ社編集／ポプラ社／2023年11月

3万冊の本を救ったアリーヤさんの大作戦：図書館員の本当のお話／マーク・アラン・スタマティー作徳永里砂訳／国書刊行会／2012年12月

キャパとゲルダ：ふたりの戦場カメラマン／マーク・アロンソン著;マリナ・ブドーズ著;原田勝訳／あすなろ書房／2019年9月

色の魔術師：アンリ・マティスものがたり―RIKUYOSHA Children & YA Books／マージョリー・ブライン・パーカーさく;ホリー・ベリーえ;志多田静やく／六耀社／2016年9月

「映画」をつくった人：世界初の女性映画監督アリス・ギイ／マーラ・ロックリフ作;シモーナ・チラオロ絵;杉本詠美訳／汐文社／2019年7月

メッシ＝MESSI：ハンデをのりこえた小さなヒーロー／マイケル・パート著;樋渡正人訳／ポプラ社（ポプラ社ノンフィクション）／2013年1月

クリスティアーノ・ロナウド＝C.RONALDO：ヒーローの夢がかなうとき／マイケル・パート著;樋渡正人訳／ポプラ社（ポプラ社ノンフィクション）／2014年5月

ネイマール＝Neymar：ピッチでくりだす魔法／マイケル・パート著;樋渡正人訳／ポプラ社（ポプラ社ノンフィクション）／2014年11月

バロテッリ＝Balotelli：黒い肌のイタリア人エース／マイケル・パート著;樋渡正人訳／ポプラ社（ポプラ社ノンフィクション）／2015年9月

ハメス・ロドリゲス＝J.RODORIGUEZ：世界にいどむニューヒーロースポーツ／マイケル・パート著;樋渡正人訳／ポプラ社（ポプラ社ノンフィクション）／2016年11月

世界の冒険家：アプリで遊べる本：全15話―ARと読むシリーズ／マリア・フェルナンダ・カナル監修;セザール・サマニエゴイラスト;カルメン・ドミンゴテキスト／アルファブックス/アルファ企画／2017年5月

時代をきりひらくIT企業と創設者たち 2／メアリ・レーン・カンバーグ著;熊谷玲美訳;熊坂仁美監修／岩崎書店／2013年2月

ぼくは発明家：アレクサンダー・グラハム・ベル／メアリー・アン・フレイザー作;おびかゆうこ訳／廣済堂あかつき／2017年11月

美術館って、おもしろい!：展覧会のつくりかた、働く人たち、美術館の歴史、裏も表もすべてわかる本／モラヴィア美術館著;阿部賢一訳;須藤輝彦訳／河出書房新社／2020年5月

ぼく、ベートーヴェン：マンガで楽しむ偉大な作曲家のホントの話／やまみちゆか作・画／カワイ出版／2021年4月

フィン・フォトンさんと量子力学／ヤン・イーイスボーさく;ヨハネス・トゥウスさく;ピーア・ベアデルスンさく;まえだあつたかかんしゅう;たなべうたかんやく;かつやひろこやく／アグネ技術センター／2020年12月

ヒラメキ公認ガイドブックようこそ宇宙へ／リサ・スワーリング;ラルフ・レイザーイラスト;キャロル・ストット文;伊藤伸子訳／化学同人／2011年12月

ヒラメキ公認ガイドブック世界中を探検しよう／リサ・スワーリングイラスト;ラルフ・レイザーイラスト;ピーター・クリスプ文;伊藤伸子訳／化学同人／2012年7月

未来を変えるロボット図鑑／ルーシー・ロジャーズほか監修;ローラ・ブラーほか著;喜多直子訳／創元社／2019年9月

フィンセント・ファン・ゴッホ―Rikuyosha Children & YA Books. 世界の名画：巨匠と作品／ルース・トムソン著／六耀社／2016年10月

歴史を変えた50人の女性アスリートたち／レイチェル・イグノトフスキー著;野中モモ訳／創元社／2019年4月

牛をかぶったカメラマン：キーアトン兄弟の物語／レベッカ・ボンド作福本友美子訳／光村教育図書／
　2010年2月

きみは宇宙飛行士！：宇宙食・宇宙のトイレまるごとハンドブック／ロウイー・ストーウェル文;竹内薫監訳;
　竹内さなみ訳／偕成社／2018年12月

ナパーム空爆史：日本人をもっとも多く殺した兵器／ロバート・M・ニーア著;田口俊樹訳／太田出版（ヒ
　ストリカル・スタディーズ）／2016年3月

日本の伝統文化仕事図鑑 [2]／ワン・ステップ編／金の星社／2019年2月

日本の伝統文化仕事図鑑 [1]／ワン・ステップ編／金の星社／2019年3月

パイロットになるには 改訂版―なるにはBOOKS;1／阿施光南著／ぺりかん社／2017年2月

航空整備士になるには―なるにはBOOKS;161／阿施光南著／ぺりかん社／2023年12月

世界にひびくバイオリン―あいちの偉人;12の話;1／愛知県小中学校長会編愛知県小中学校PTA連絡協
　議会編;名古屋市立小中学校PTA協議会編／愛知県教育振興会／2013年6月

南極犬物語―ハンカチぶんこ／綾野まさる作／ハート出版／2011年9月

動物園・赤ちゃん誕生物語／粟生こずえ著;東武動物公園監修／集英社（集英社みらい文庫）／2016年12
　月

みんなの論語塾―15歳の寺子屋／安岡定子著／講談社／2010年9月

カフェオーナー・カフェスタッフ・バリスタになるには―なるにはBOOKS;118／安田理編著／ぺりかん
　社／2016年2月

境界をこえる―15歳の寺子屋／安藤忠雄著／講談社／2012年4月

自分のことがわかる本：ポジティブ・アプローチで描く未来／安部博枝著／岩波書店（岩波ジュニア新
　書）／2017年9月

月別カレンダーで1からわかる!日本の政治／伊藤賀一監修／小峰書店／2021年12月

高校留学アドバイス／伊藤史子著／岩波書店（岩波ジュニア新書）／2010年12月

経済学からなにを学ぶか：その500年の歩み／伊藤誠著／平凡社（平凡社新書）／2015年3月

人生を切りひらいた女性たち：なりたい自分になろう!3／伊藤節監修;樋口恵子監修／教育画劇／2016年4
　月

13歳からのジャーナリスト：社会正義を求め世界を駆ける／伊藤千尋著／かもがわ出版／2019年11月

あのころ、先生がいた。―よりみちパン!セ;P055／伊藤比呂美著／イースト・プレス／2012年11月

宇宙はなぜ哲学の問題になるのか／伊藤邦武著／筑摩書房（ちくまプリマー新書）／2019年8月

研究するって面白い!：科学者になった11人の物語／伊藤由佳理編著／岩波書店（岩波ジュニア新書）／
　2016年10月

マンガミュージアムへ行こう／伊藤遊著／谷川竜一著;村田麻里子著;山中千恵著／岩波書店（岩波ジュニア新
　書）／2014年3月

人権は国境を越えて／伊藤和子著／岩波書店（岩波ジュニア新書）／2013年10月

勝利のラケット―記録への挑戦;4／井山夏生著／ポプラ社／2010年1月

薬剤師になるには―なるにはBOOKS;58／井手口直子編著／ぺりかん社／2020年2月

動物飼育係・イルカの調教師になるには／井上こみち著／ぺりかん社／2010年10月

ドッグトレーナー・犬の訓練士になるには―なるにはBOOKS;91／井上こみち著／ぺりかん社／2016年
　8月

動物看護師になるには 改訂版―なるにはBOOKS;90／井上こみち著／ぺりかん社／2017年4月

獣医師になるには―なるにはBOOKS／井上こみち著／ぺりかん社／2018年5月

バカに見えるビジネス語／井上逸兵著／青春出版社（青春新書INTELLIGENCE）／2013年12月

おいしい穀物の科学：コメ、ムギ、トウモロコシからソバ、雑穀まで／井上直人著／講談社（ブルーバッ
　クス）／2014年6月

地方公務員になるには―なるにはBOOKS;65／井上繁編著／ぺりかん社／2015年2月

国家公務員になるには―なるにはBOOKS;20／井上繁編著／ぺりかん社／2015年9月

工業数学がわかる：基礎からやさしく解説もの創りのための数学レッスン!―ファーストブック／井上満著

／技術評論社／2010 年 3 月

絵本画家天才たちが描いた妖精＝FAIRY WORLD OF ARTISTIC GENIUSES─ビジュアル選書／井村君江著／中経出版／2013 年 5 月

環境負債：次世代にこれ以上ツケを回さないために／井田徹治著／筑摩書房（ちくまプリマー新書）／2012 年 5 月

国語図説 新訂，3 訂版／井筒雅風編者代表;内田満編者代表;樺島忠夫編者代表／京都書房／2014 年 1 月

理系のための法律入門：デキる社会人に不可欠な知識と倫理 第 2 版／井野邊陽著／講談社（ブルーバックス）／2016 年 2 月

よくわかる米の事典 1／稲垣栄洋監修;谷本雄治指導／小峰書店／2016 年 4 月

よくわかる米の事典 2／稲垣栄洋監修;谷本雄治指導／小峰書店／2016 年 4 月

よくわかる米の事典 3／稲垣栄洋監修;谷本雄治指導／小峰書店／2016 年 4 月

よくわかる米の事典 4／稲垣栄洋監修;谷本雄治指導／小峰書店／2016 年 4 月

よくわかる米の事典 5／稲垣栄洋監修;谷本雄治指導／小峰書店／2016 年 4 月

雑草学のセンセイは「みちくさ研究家」／稲垣栄洋著／中央公論新社／2023 年 11 月

水滸伝に学ぶ組織のオキテ／稲田和浩著／平凡社（平凡社新書）／2018 年 4 月

目でみるアスリートの図鑑＝The Visual Guide to Athlete／稲葉茂勝著;河合純一監修;衣笠泰介監修;こどもくらぶ編／東京書籍／2021 年 8 月

池上彰のニュースに登場する世界の環境問題 9（公害）／稲葉茂勝訳・文;キャサリン・チャンバーズ原著;池上彰監修／さ・え・ら書房／2011 年 4 月

池上彰のニュースに登場する世界の環境問題 3（食糧）／稲葉茂勝訳・文;サラ・レベーテ原著;池上彰監修／さ・え・ら書房／2010 年 4 月

医師という生き方─発見!しごと偉人伝／茨木保著／ぺりかん社／2010 年 9 月

農は過去と未来をつなぐ：田んぼから考えたこと／宇根豊著／岩波書店（岩波ジュニア新書）／2010 年 8 月

農はいのちをつなぐ／宇根豊著／岩波書店（岩波ジュニア新書）／2023 年 11 月

日本人にとって自然とはなにか／宇根豊著／筑摩書房（ちくまプリマー新書）／2019 年 7 月

歯科衛生士・歯科技工士になるには─なるには BOOKS；47／宇田川廣美著／ぺりかん社／2017 年 2 月

ぼくは縄文大工：石斧でつくる丸木舟と小屋／雨宮国広著／平凡社（平凡社新書）／2020 年 9 月

ほかの誰も薦めなかったとしても今のうちに読んでおくべきだと思う本を紹介します。─14 歳の世渡り術／雨宮処凛著;新井紀子著;石原千秋著;上野千鶴子著;大澤真幸著;岡ノ谷一夫著;恩田陸著;角田光代著;金原瑞人著;貴志祐介著;木田元著;工藤直子著;小池龍之介著;佐藤優著;島田裕巳著;辛酸なめ子著;橘木俊詔著;出久根達郎著;中江有里著;長沼毅著;野中柊著;服部文祥著;本田由紀著;ホンマタカシ著;森絵都著;森達也著;村上陽一郎著;柳澤桂子著;山崎ナオコーラ著;吉田篤弘著／河出書房新社／2012 年 5 月

学校では教えてくれない人生を変える音楽─14 歳の世渡り術／雨宮処凛著;池谷裕二著;池辺晋一郎著;浦沢直樹著;遠藤秀紀著;大崎善生著;乙武洋匡著;角田光代著;今日マチ子著;清塚信也著;小手鞠るい著;近藤良平著;桜井進著;柴田元幸著;小路幸也著;辛酸なめ子著;高嶋ちさ子著;西研著;林丹丹著;又吉直樹著;町田康著;松井咲子著;みうらじゅん著;宮下奈都著;本川達雄著;山田ズーニー著／河出書房新社／2013 年 5 月

杉浦康平のデザイン／臼田捷治著／平凡社（平凡社新書）／2010 年 2 月

あなたのキャリアのつくり方：NPO を手がかりに／浦坂純子著／筑摩書房（ちくまプリマー新書）／2017 年 2 月

長崎の鐘／永井隆著／日本ブックエース（平和文庫）／2010 年 7 月

本を味方につける本：自分が変わる読書術─14 歳の世渡り術／永江朗著／河出書房新社／2012 年 7 月

本について授業をはじめます─ちしきのもり／永江朗著／少年写真新聞社／2014 年 9 月

ロバート・キャパ：戦争の悲惨さを最前線で写したプロカメラマン─集英社版・学習漫画. 世界の伝記 NEXT／永山愛子漫画;蛭海隆志シナリオ;長倉洋海監修・解説／集英社／2012 年 7 月

人はどのように鉄を作ってきたか：4000 年の歴史と製鉄の原理／永田和宏著／講談社（ブルーバックス）／2017 年 5 月

ルポ大阪の教育改革とは何だったのか／永尾俊彦著／岩波書店（岩波ブックレット）／2022年5月
義肢装具士になるには―なるにはBOOKS；146／益田美樹著／ぺりかん社／2017年6月
救急救命士になるには―なるにはBOOKS ／益田美樹著／ぺりかん社／2018年10月
消防官になるには―なるにはBOOKS／益田美樹著／ぺりかん社／2019年8月
日本語教師になるには―なるにはBOOKS；84／益田美樹著／ぺりかん社／2021年12月
はじめて読む!海外文学ブックガイド：人気翻訳家が勧める、世界が広がる48冊―14歳の世渡り術／越前敏弥ほか著／河出書房新社／2022年7月
イギリス肉食革命：胃袋から生まれた近代／越智敏之著／平凡社（平凡社新書）／2018年3月
書きたいと思った日から始める!10代から目指すライトノベル作家／榎本秋編著;菅沼由香里著;榎本事務所著／DBジャパン（ES BOOKS）／2021年11月
自己実現という罠：悪用される「内発的動機づけ」／榎本博明著／平凡社（平凡社新書）／2018年5月
博士漂流時代：「余った博士」はどうなるか?―Dis+cover science；5／榎木英介著／ディスカヴァー・トゥエンティワン／2010年11月
嘘と絶望の生命科学／榎木英介著／文藝春秋（文春新書）／2014年7月
戦闘機の航空管制：航空戦術の一環として兵力の残存と再戦力化に貢献する／園山耕司著／SBクリエイティブ（サイエンス・アイ新書）／2018年8月
新しい航空管制の科学：宇宙から見守る「空の交通整理」／園山耕司著／講談社（ブルーバックス）／2015年5月
数学の広場 2（数のふしぎ）／遠山啓著;何森仁復刊版編;小沢健一復刊版編;榊忠男復刊版編／日本図書センター／2013年7月
長大橋の科学：夢の実現に進化してきた橋づくりの技術と歴史をひもとく／塩井幸武著／SBクリエイティブ（サイエンス・アイ新書）／2014年8月
マンガ若山牧水：自然と旅と酒を愛した国民的歌人／塩月眞原作;しいやみつのりマンガ／大正大学出版会／2018年8月
未来の医療で働くあなたへ―14歳の世渡り術／奥真也著／河出書房新社／2021年10月
未来の医療で働くあなたへ―14歳の世渡り術／奥真也著／河出書房新社／2021年10月
学芸員になるには―なるにはBOOKS ／横山佐紀著／ぺりかん社／2019年4月
青年海外協力隊員になるには-なるにはBOOKS；51／横山和子著／ぺりかん社／2013年4月
東南アジアで働く―なるにはBOOKS；補巻18／横山和子著／ぺりかん社／2017年12月
国際公務員になるには―なるにはBOOKS；83／横山和子著／ぺりかん社／2020年11月
臨床検査技師・診療放射線技師・臨床工学技士になるには／横田俊弘著／ぺりかん社／2014年9月
イベントの仕事で働く―なるにはBOOKS；補巻17／岡星竜美著／ぺりかん社／2015年4月
モーツァルトーよみがえる天才／岡田暁生著／筑摩書房（ちくまプリマー新書）／2020年9月
アスリートたちの英語トレーニング術／岡田圭子著;野村隆宏著／岩波書店（岩波ジュニア新書）／2011年8月
自衛官になるには―なるにはBOOKS；114／岡田真理著／ぺりかん社／2020年12月
なりたい自分との出会い方：世界に飛び出したボクが伝えたいこと／岡本啓史著／岩波書店（岩波ジュニアスタートブックス）／2022年8月
教養として学んでおきたい現代哲学者10人／岡本裕一朗著／マイナビ出版（マイナビ新書）／2022年11月
マザー・テレサ：あふれる愛／沖守弘文・写真／講談社（講談社青い鳥文庫）／2010年7月
「国語」から旅立って／温又柔著／新曜社（よりみちパン!セ）／2019年5月
自分を超える心とからだの使い方：ゾーンとモチベーションの脳科学／下條信輔著;為末大著／朝日新聞出版（朝日新書）／2021年6月
職場体験完全ガイド 37／加戸玲子／ポプラ社／2014年4月
職場体験完全ガイド 40／加戸玲子／ポプラ社／2014年4月
オペラでわかるヨーロッパ史／加藤浩子著／平凡社（平凡社新書）／2015年12月

バッハ：「音楽の父」の素顔と生涯／加藤浩子著／平凡社（平凡社新書）／2018年6月

小児を救った種痘学入門：ジェンナーの贈り物：緒方洪庵記念財団・除痘館記念資料室撰集／加藤四郎編著／創元社／2016年8月

スポーツ名場面で考える白熱道徳教室 3／加藤宣行著／汐文社／2020年1月

村上春樹は、むずかしい／加藤典洋著／岩波書店（岩波新書 新赤版）／2015年12月

バイエル―マンガ音楽家ストーリー；8／加藤礼次朗作画；芦塚陽二原作／ドレミ楽譜出版社／2014年10月

助産師になるには―なるにはBOOKS；147／加納尚美編著／ぺりかん社／2017年8月

ハッブル宇宙を広げた男／家正則著／岩波書店（岩波ジュニア新書）／2016年8月

マンガがあるじゃないか：わたしをつくったこの一冊―14歳の世渡り術／河出書房新社編／河出書房新社／2016年1月

101人が選ぶ「とっておきの言葉」―14歳の世渡り術／河出書房新社編／河出書房新社／2017年1月

人生を変えるアニメ―14歳の世渡り術／河出書房新社編／河出書房新社／2018年8月

わたしの外国語漂流記：未知なる言葉と格闘した25人の物語―14歳の世渡り術／河出書房新社編／河出書房新社／2020年2月

旅が好きだ！：21人が見つけた新たな世界への扉―14歳の世渡り術／河出書房新社編；角田光代著ほか著／河出書房新社／2020年6月

「心」のお仕事：今日も誰かのそばに立つ24人の物語―14歳の世渡り術／河出書房新社編；荒井裕樹著ほか著／河出書房新社／2021年10月

生きものは不思議：最前線に立つ研究者15人の白熱講義―14歳の世渡り術／河出書房新社編；池田譲ほか著／河出書房新社／2023年2月

14歳からの映画ガイド：世界の見え方が変わる100本―14歳の世渡り術／河出書房新社編；朝井リョウほか著／河出書房新社／2023年9月

田中久重と技術―日本の伝記：知のパイオニア／河本信雄著／玉川大学出版部／2021年10月

森鷗外―よみがえる天才／海堂尊著／筑摩書房（ちくまプリマー新書）／2022年4月

明日、機械がヒトになる：ルポ最新科学／海猫沢めろん著／講談社（講談社現代新書）／2016年5月

女子のキャリア：〈男社会〉のしくみ、教えます／海老原嗣生著／筑摩書房（ちくまプリマー新書）／2012年1月

発信力の育てかた：ジャーナリストが教える「伝える」レッスン―14歳の世渡り術／外岡秀俊著／河出書房新社／2015年9月

知られざる潜水艦の秘密：海中に潜んで敵を待ち受ける海の一匹狼／柿谷哲也著／SBクリエイティブ（サイエンス・アイ新書）／2016年10月

高校生で出会っておきたい73の言葉／覚和歌子編／PHPエディターズ・グループ／2012年11月

小説・マンガで見つける！すてきな仕事 1／学研教育出版編／学研教育出版／2015年2月

小説・マンガで見つける！すてきな仕事 2／学研教育出版編／学研教育出版／2015年2月

小説・マンガで見つける！すてきな仕事 3／学研教育出版編／学研教育出版／2015年2月

小説・マンガで見つける！すてきな仕事 4／学研教育出版編／学研教育出版／2015年2月

小説・マンガで見つける！すてきな仕事 5／学研教育出版編／学研教育出版／2015年2月

科学者の卵たちに贈る言葉：江上不二夫が伝えたかったこと／笠井献一著／岩波書店（岩波科学ライブラリー）／2013年7月

リニア新幹線が不可能な7つの理由／樫田秀樹著／岩波書店（岩波ブックレット）／2017年1月

公式で解く!!看護医療福祉系小論文 改訂5版／梶原洋生著／エール出版社（Yell books）／2010年11月

いつかすべてが君の力になる―14歳の世渡り術／梶尚貴著／河出書房新社／2018年5月

ブラームス―マンガ音楽家ストーリー；7／葛城まどか作画；芦塚陽二監修／ドレミ楽譜出版社／2015年1月

教養として学んでおきたい歌舞伎／葛西聖司著／マイナビ出版（マイナビ新書）／2021年8月

びっくり！マグロ大百科―世の中への扉／葛西臨海水族園クロマグロ飼育チーム著／講談社／2016年11月

学びを結果に変えるアウトプット大全 ＝THE POWER OF OUTPUT:How to Change Learning to

Outcome／樺沢紫苑著／サンクチュアリ出版（sanctuary books）／2018年8月

学び効率が最大化するインプット大全＝THE POWER OF INPUT:How to Maximize Learning／樺沢紫苑著／サンクチュアリ出版（sanctuary books）／2019年8月

企業研究者のための人生設計ガイド：進学・留学・就職から自己啓発・転職・リストラ対策まで／鎌谷朝之著／講談社（ブルーバックス）／2020年1月

真夜中のディズニーで考えた働く幸せ―14歳の世渡り術／鎌田洋著／河出書房新社／2014年9月

イルカを食べちゃダメですか?：科学者の追い込み漁体験記／関口雄祐著／光文社（光文社新書）／2010年7月

13歳からの食と農：家族農業が世界を変える／関根佳恵著／かもがわ出版／2020年11月

音楽が楽しくなる―学校では教えてくれない大切なこと；30／関和之マンガ・イラスト;亀田誠治監修／旺文社／2020年7月

AIエンジニアになるには―なるにはBOOKS；155／丸山恵著／ぺりかん社／2020年7月

理学療法士になるには―なるにはBOOKS；67／丸山仁司編著／ぺりかん社／2014年10月

必ず役立つ吹奏楽ハンドブック　アンサンブル編／丸谷明夫監修／ヤマハミュージックメディア／2013年11月

必ず役立つ吹奏楽ハンドブック　マーチ編／丸谷明夫監修／ヤマハミュージックメディア／2013年12月

必ず役立つ吹奏楽ハンドブック　ジャズ&ポップス編／丸谷明夫監修／ヤマハミュージックメディア／2014年2月

哲学人生問答―17歳の特別教室／岸見一郎著／講談社／2019年10月

いたみを抱えた人の話を聞く／岸本寛史著;近藤雄生聞き手／創元社／2023年9月

命は慈しみの光：医者としていのちと向きあいながら／岩井直路著／イー・ピックス／2019年11月

臨床検査技師になるには―なるにはBOOKS／岩間靖典著／ぺりかん社／2018年8月

臨床工学技士になるには―なるにはBOOKS／岩間靖典著／ぺりかん社／2019年9月

確率のエッセンス：大数学者たちと魔法のテクニック／岩沢宏和著／技術評論社（知りたい!サイエンス）／2013年12月

救命救急フライトドクター：攻めの医療で命を救え!／岩貞るみこ著／講談社／2011年7月

東京消防庁芝消防署24時：すべては命を守るために／岩貞るみこ著／講談社／2013年7月

わたしたちはいのちの守人：三人の看護師・助産師の現場―世の中への扉／岩貞るみこ著／講談社／2014年6月

命をつなげ!ドクターヘリ　2／岩貞るみこ文／講談社（講談社青い鳥文庫）／2019年7月

医学部に行きたいあなた、医学生のあなた、そしてその親が読むべき勉強の方法／岩田健太郎著／中外医学社／2017年10月

科学者の目、科学の芽／岩波書店編集部編／岩波書店（岩波科学ライブラリー）／2016年4月

失われた「医療先進国」：「救われぬ患者」「報われぬ医師」の袋小路／岩本裕著／NHK取材班著／講談社（ブルーバックス）／2010年11月

ワールドカップ：伝説を生んだヒーローたち／岩﨑龍一著／ポプラ社（ポプラ社ノンフィクション）／2014年4月

トラブル回避中・高生のための法律ガイドブック／喜成清重著／日本加除出版／2010年11月

一生懸命：相撲が教えてくれたこと／貴乃花光司著／ポプラ社（ポプラ社ノンフィクション）／2012年12月

院生・ポスドクのための研究人生サバイバルガイド：「博士余り」時代を生き抜く処方箋／菊地俊郎著／講談社（ブルーバックス）／2010年12月

米―おいしく安心な食と農業／吉永悟志監修;小泉光久制作・文／文研出版／2021年9月

コンビニおいしい進化史：売れるトレンドのつくり方／吉岡秀子著／平凡社（平凡社新書）／2019年12月

サバからマグロが産まれる!?／吉崎悟朗著／岩波書店（岩波科学ライブラリー）／2014年1月

オレはどうくつ探検家―シリーズ◎自然いのちひと／吉田勝次著／ポプラ社／2018年7月

オタクを武器に生きていく—14歳の世渡り術／吉田尚記著／河出書房新社／2022年11月

学校犬バディが教えてくれたこと／吉田太郎著／金の星社／2016年9月

地球を救う新世紀農業：アグロエコロジー計画／吉田太郎著／筑摩書房（ちくまプリマー新書）／2010年3月

つむじ風食堂と僕／吉田篤弘著／筑摩書房（ちくまプリマー新書）／2013年8月

政治のキホン100／吉田文和著／岩波書店（岩波ジュニア新書）／2014年9月

ライフスキル・フィットネス：自立のためのスポーツ教育／吉田良治著／岩波書店（岩波ジュニア新書）／2013年4月

ミライの武器＝Strength of the Future：「夢中になれる」を見つける授業／吉藤オリィ著／サンクチュアリ出版（sanctuary books）／2021年5月

ひとり—15歳の寺子屋／吉本隆明著／講談社／2010年1月

吉本隆明の下町の愉しみ：日々を味わう贅沢／吉本隆明著／青春出版社（青春新書 INTELLIGENCE）／2012年9月

「現代型うつ」はサボりなのか／吉野聡著／平凡社（平凡社新書）／2013年9月

学歴入門—14歳の世渡り術／橘木俊詔著／河出書房新社／2013年1月

渋沢栄一：変わり身の早さと未来を見抜く眼力／橘木俊詔著／平凡社（平凡社新書）／2020年11月

インテリアコーディネーターの仕事につきたい！："心地よい住まい"を実現する喜び—教えて、先輩!私の職業シリーズ；3／久住博子著／中経出版／2011年5月

めざせ!保育士・幼稚園教諭：音楽力向上でキャリアアップ／久保田慶一著;渡辺行野著／スタイルノート／2019年1月

日本文学の古典50選 改版／久保田淳著／岩波書店（岩波ジュニア新書）／2013年2月

アスリートの科学：能力を極限まで引き出す秘密／久木留毅著／講談社／2020年7月

みんなちがって、それでいい：パラ陸上から私が教わったこと—スポーツ／宮崎恵理著;重本沙絵監修／ポプラ社（ポプラ社ノンフィクション）／2018年8月

看護師という生き方／宮子あずさ著／筑摩書房（ちくまプリマー新書）／2013年9月

物語もっと深読み教室／宮川健郎著／岩波書店（岩波ジュニア新書）／2013年3月

ぼくはアニマルトレーナー／宮沢厚著／ポプラ社（ポプラ社ノンフィクション）／2011年7月

武器ではなく命の水をおくりたい：中村哲医師の生き方／宮田律著／平凡社／2021年4月

かつお節と日本人／宮内泰介著;藤林泰著／岩波書店（岩波新書 新赤版）／2013年1月

ソーシャルワーカーという仕事／宮本節子著／筑摩書房（ちくまプリマー新書）／2013年2月

高校生に知ってほしい心理学：どう役立つ?どう活かせる? 第2版／宮本聡介編著;伊藤拓編著／学文社／2019年7月

研究を深める5つの問い：「科学」の転換期における研究者思考／宮野公樹著／講談社（ブルーバックス）／2015年4月

行為の意味：青春前期のきみたちに／宮澤章二著／ごま書房新社／2010年7月

合格する小論文技術習得講義：慶應SFCダブル合格の講師が解説 改訂3版／牛山恭範著／エール出版社（Yell books）／2012年2月

先生、ウンチとれました：野生動物のウンチの中にある秘密／牛田一成著／さ・え・ら書房／2019年9月

グランドスタッフになるには—なるにはBOOKS／京極祥江著／ぺりかん社／2018年1月

クリニック・薬局で働く人たち：しごとの現場としくみがわかる!—しごと場見学!／橋口佐紀子著／ぺりかん社／2016年7月

視能訓練士になるには—なるにはBOOKS／橋口佐紀子著／ぺりかん社／2018年3月

薬学部：中高生のための学部選びガイド—なるにはBOOKS. 大学学部調べ／橋口佐紀子著／ぺりかん社／2020年7月

歯学部：中高生のための学部選びガイド—なるにはBOOKS. 大学学部調べ／橋口佐紀子著／ぺりかん社／2022年11月

心理学部：中高生のための学部選びガイド—なるにはBOOKS. 大学学部調べ／橋口佐紀子著／ぺりかん

15

社／2023 年 11 月

遊園地・テーマパークで働く人たち：しごとの現場としくみがわかる！／橋口佐紀子著／ぺりかん社（しごと場見学！）／2014 年 11 月

水問題にたちむかう―世界と日本の水問題／橋本淳司著／文研出版／2011 年 2 月

内戦の地に生きる：フォトグラファーが見た「いのち」／橋本昇著／岩波書店（岩波ジュニア新書）／2019 年 4 月

将棋教室＝SHOGI SCHOOL FOR LOVING KIDS―マンガでマスター／橋本崇載監修；村川和宏漫画／ポプラ社／2015 年 10 月

ミャンマーで米、ひとめぼれを作る―世界のあちこちでニッポン／橋本玲写真・文／理論社／2017 年 2 月

高校生と考える希望のための教科書／桐光学園中学校・高等学校編／左右社（桐光学園大学訪問授業）／2018 年 4 月

化学のしごと図鑑：きみの未来をさがしてみよう／近畿化学協会編／化学同人／2019 年 3 月

ぼくの仕事場は富士山です―世の中への扉／近藤光一著／講談社／2011 年 7 月

入試数学の掌握：総論編：テーマ別演習 1／近藤至徳著／エール出版社（Yell books）／2011 年 1 月

ものがたり西洋音楽史／近藤譲著／岩波書店（岩波ジュニア新書）／2019 年 3 月

ものがたり西洋音楽史／近藤譲著／岩波書店（岩波ジュニア新書）／2019 年 3 月

ジャッキー・ロビンソン：人種差別をのりこえたメジャーリーガー／近藤隆夫著／汐文社／2013 年 10 月

ナイチンゲール―よみがえる天才／金井一薫著／筑摩書房（ちくまプリマー新書）／2023 年 7 月

今日から将棋をはじめる：楽しさいろいろ発見！／金園社企画編集部編／金園社／2011 年 12 月

保育士になるには―なるには BOOKS；16／金子恵美編著／ぺりかん社／2014 年 12 月

気象予報士・予報官になるには―なるには BOOKS；144／金子大輔著／ぺりかん社／2016 年 6 月

学校では教えてくれないお金の話―14 歳の世渡り術／金子哲雄著／河出書房新社／2011 年 7 月

起業家になりたい！：自分でつくる未来の仕事．[3]／熊野正樹監修／保育社／2023 年 8 月

起業家になりたい！：自分でつくる未来の仕事．[2]／熊野正樹監修／保育社／2023 年 10 月

起業家になりたい！：自分でつくる未来の仕事．[1]／熊野正樹監修／保育社／2023 年 11 月

建築家になりたい君へ―14 歳の世渡り術／隈研吾著／河出書房新社／2021 年 2 月

小さな建築／隈研吾著／岩波書店（岩波新書 新赤版）／2013 年 1 月

うま味って何だろう／栗原堅三著／岩波書店（岩波ジュニア新書）／2012 年 1 月

栗山魂―14 歳の世渡り術／栗山英樹著／河出書房新社／2017 年 3 月

NO LIMIT：自分を超える方法／栗城史多著／サンクチュアリ出版（sanctuary books）／2010 年 11 月

何のための「教養」か／桑子敏雄著／筑摩書房（ちくまプリマー新書）／2019 年 7 月

大相撲の見かた／桑森真介著／平凡社（平凡社新書）／2013 年 5 月

介護職がいなくなる：ケアの現場で何が起きているのか／結城康博著／岩波書店（岩波ブックレット）／2019 年 9 月

水族館へ行こう！：おもしろいきものポケット図鑑／月刊アクアライフ編集部編／エムピージェー／2018 年 1 月

ヘーゲルとその時代／権左武志著／岩波書店（岩波新書 新赤版）／2013 年 11 月

なぜか、やる気がそがれる問題な職場／見波利幸著／青春出版社（青春新書 INTELLIGENCE）／2018 年 1 月

期待はずれのドラフト 1 位：逆境からのそれぞれのリベンジ／元永知宏著／岩波書店（岩波ジュニア新書）／2016 年 1 月

レギュラーになれないきみへ／元永知宏著／岩波書店（岩波ジュニア新書）／2019 年 1 月

プロ野球で 1 億円稼いだ男のお金の話／元永知宏著／東京ニュース通信社 講談社（TOKYO NEWS BOOKS）／2023 年 10 月

素敵なオトナ図鑑＝Sutekinaotona visual dictionary：身近な素敵な大人を紹介する図鑑 Vol.2／元内康博代表著者／AmazingAdventure／2022 年 11 月

外国語学部：中高生のための学部選びガイド―なるには BOOKS. 大学学部調べ／元木裕著／ぺりかん社

／2019 年 8 月

社会福祉学部：中高生のための学部選びガイド―なるには BOOKS. 大学学部調べ／元木裕著／ぺりかん社／2021 年 11 月

はじめての解析学：微分、積分から量子力学まで／原岡喜重著／講談社（ブルーバックス）／2018 年 11 月

日本のデザイン：美意識がつくる未来／原研哉著／岩波書店（岩波新書 新赤版）／2011 年 1 月

潮干狩りの疑問 77―みんなが知りたいシリーズ；3／原田知篤著／成山堂書店／2017 年 3 月

音階の練習 12 か月：うたう指づくり 改訂 2 版―原田敦子基礎テクニック・12 か月／原田敦子編著／ヤマハミュージックエンタテインメントホールディングスミュージックメディア部／2021 年 9 月

ピアノテクニック 12 か月：脱力のタッチのために 改訂版―原田敦子基礎テクニック・12 か月／原田敦子編著／ヤマハミュージックエンタテインメントホールディングスミュージックメディア部／2021 年 12 月

いずれ起業したいな、と思っているきみに 17 歳からのスタートアップの授業：アントレプレナー入門エンジェル投資家からの 10 の講義―BOW BOOKS；019／古我知史著／BOW&PARTNERS 中央経済グループパブリッシング／2023 年 8 月

いずれ起業したいな、と思っているきみに 17 歳からのスタートアップの授業アントレプレナー列伝：エンジェル投資家は、起業家のどこを見ているのか?―BOW BOOKS；020／古我知史著／BOW&PARTNERS 中央経済グループパブリッシング／2023 年 10 月

最新ウイスキーの科学：熟成の香味を生む驚きのプロセス／古賀邦正著／講談社（ブルーバックス）／2018 年 2 月

きみがもし選挙に行くならば：息子と考える 18 歳選挙権／古川元久著／集英社／2016 年 5 月

図解・気象学入門：原理からわかる雲・雨・気温・風・天気図／古川武彦著;大木勇人著／講談社（ブルーバックス）／2011 年 3 月

食べるってどんなこと?：あなたと考えたい命のつながりあい―中学生の質問箱／古沢広祐著／平凡社／2017 年 11 月

レストランで働く人たち：しごとの現場としくみがわかる!―しごと場見学!／戸田恭子著／ぺりかん社／2012 年 1 月

探検!ものづくりと仕事人：「これが好き!」と思ったら、読む本 チョコレート菓子・ポテトチップス・アイス／戸田恭子著／ぺりかん社／2013 年 11 月

書店・図書館で働く人たち：しごとの現場としくみがわかる!―しごと場見学!／戸田恭子著／ぺりかん社／2016 年 4 月

文学部―なるには BOOKS. 大学学部調べ／戸田恭子著／ぺりかん社／2017 年 8 月

福祉業界で働く―なるには BOOKS；補巻 24／戸田恭子著／ぺりかん社／2020 年 4 月

14 歳からのケンチク学／五十嵐太郎編／彰国社／2015 年 4 月

ドキュメント平成政治史. 4／後藤謙次著／岩波書店／2023 年 6 月

できる!スポーツテクニック 1／後藤寿彦監修／ポプラ社／2010 年 3 月

できる!スポーツテクニック 2／後藤寿彦監修／ポプラ社／2010 年 3 月

決着!恐竜絶滅論争／後藤和久著／岩波書店（岩波科学ライブラリー）／2011 年 11 月

ここちよさの建築―教養・文化シリーズ. NHK 出版学びのきほん／光嶋裕介著／NHK 出版／2023 年 5 月

建築という対話：僕はこうして家をつくる／光嶋裕介著／筑摩書房（ちくまプリマー新書）／2017 年 5 月

孤独を怖れない力／工藤公康著／青春出版社（青春新書 INTELLIGENCE）／2014 年 5 月

工藤公康の野球のススメ：GET SPORTS／工藤公康著／朝日新聞出版／2014 年 7 月

建築の仕事につきたい!：大切にしたい、日本のものづくりの心―教えて、先輩!私の職業シリーズ；1／広瀬みずき著／中経出版／2011 年 2 月

「よく見る人」と「よく聴く人」：共生のためのコミュニケーション手法／広瀬浩二郎著;相良啓子著／岩波書店（岩波ジュニア新書）／2023 年 9 月

職場体験完全ガイド 28／広沢大之助文／ポプラ社／2012 年 3 月

学問の発見：数学者が語る「考えること・学ぶこと」／広中平祐著／講談社（ブルーバックス）／2018年7月

「物流」で働く―なるにはBOOKS；補巻12／広田民郎著／ぺりかん社／2012年6月

自動車整備士になるには―なるにはBOOKS；25／広田民郎著／ぺりかん社／2015年8月

職場体験完全ガイド 29／江藤純文／ポプラ社／2012年3月

職場体験完全ガイド 26／江藤純文；斉藤道子文；長野伸江文／ポプラ社／2012年3月

議会制民主主義の活かし方：未来を選ぶために／糠塚康江著／岩波書店（岩波ジュニア新書）／2020年5月

サイエンス異人伝：科学が残した「夢の痕跡」／荒俣宏著／講談社（ブルーバックス）／2015年3月

すごいぞ!甲子園の大記録―世の中への扉／講談社編／講談社／2016年7月

宇宙兄弟・アニメでよむ宇宙たんけんブック・／講談社編／小山宙哉原作；林公代監修・文／講談社／2012年8月

香月流幽雅な相談室：妖アパから人生まで／香月日輪著／講談社（YA!ENTERTAINMENT）／2013年11月

有機農業で変わる食と暮らし：ヨーロッパの現場から／香坂玲著；石井圭一著／岩波書店（岩波ブックレット）／2021年4月

絆ストレス：「つながりたい」という病／香山リカ著／青春出版社（青春新書INTELLIGENCE）／2012年1月

動物園飼育員・水族館飼育員になるには―なるにはBOOKS；92／高岡昌江著／ぺりかん社／2017年1月

ホッキョクグマの赤ちゃんを育てる!：円山動物園のねがい／高橋うらら著／ポプラ社（ポプラ社ノンフィクション）／2012年7月

夜の獣医さん：往診専門の動物病院／高橋うらら文／講談社（講談社青い鳥文庫）／2021年6月

コペルニクス―よみがえる天才／高橋憲一著／筑摩書房（ちくまプリマー新書）／2020年12月

ゲームと生きる!：楽しいが力になる 1／高橋浩徳監修／フレーベル館／2021年11月

ガリガリ君工場見学 ＝GariGarikun Ice Factory Tour!：アイスキャンディができるまで／高橋俊之イラスト；ガリガリ君プロダクション監修／汐文社／2012年3月

マンガでおぼえる棒銀戦法／高橋道雄原作；藤井ひろしマンガ／創元社／2011年6月

気候帯でみる!自然環境 2(乾燥帯)／高橋日出男監修；こどもくらぶ著／少年写真新聞社／2012年12月

歌謡曲：時代を彩った歌たち／高護著／岩波書店（岩波新書 新赤版）／2011年2月

天下泰平の時代―シリーズ日本近世史；3／高埜利彦著／岩波書店（岩波新書 新赤版）／2015年3月

自衛隊の基礎知識と災害派遣。：この一冊で自衛隊の基本の基がわかります。：45分でわかる!―Magazine house 45 minutes series；#19／高木泉著／マガジンハウス／2011年1月

〈10秒00の壁〉を破れ!：陸上男子100m：若きアスリートたちの挑戦―世の中への扉／高野祐太著／講談社／2016年2月

すもう道まっしぐら!／豪栄道豪太郎著／集英社（集英社みらい文庫）／2017年9月

元厚労省職員が教える海外の医学部を卒業して日本の医師になる方法／国試対策委員会・帰国子女支部編／エール出版社（Yell books）／2012年3月

キャスターという仕事／国谷裕子著／岩波書店（岩波新書 新赤版）／2017年1月

安全を守る仕事：写真とイラストでよくわかる! 3(海上保安庁)／国土社編集部編／国土社／2010年3月

行ってみよう!社会科見学：写真とイラストでよくわかる! 4(農家・スーパーマーケット)／国土社編集部編／国土社／2011年3月

コミックエンジニア物語：未来を拓く高専のチカラ：高専受験のススメ／国立高等専門学校機構マンガで伝える「エンジニアの姿」実施委員会編／平凡社／2014年6月

ドヴォルジャーク：その人と音楽・祖国／黒沼ユリ子著／冨山房インターナショナル／2018年9月

ラマヌジャン探検：天才数学者の奇蹟をめぐる／黒川信重著／岩波書店（岩波科学ライブラリー）／2017年2月

自動車まるごと図鑑：電気自動車燃料電池車次世代エコカーを徹底比較!―もっと知りたい!図鑑／黒川文子

監修／ポプラ社／2015年4月

公務員試験に絶対合格する勉強法：短期合格メソッド／黒沢賢一著／エール出版社（Yell books）／2010年2月

若冲ぞうと出会った少年／黒田志保子著／国土社／2016年5月

ようこそ、私の研究室へ：世界に誇る日本のサイエンスラボ21—Dis+cover science；4／黒田達明著／ディスカヴァー・トゥエンティワン／2010年11月

研究不正：科学者の捏造、改竄、盗用／黒木登志夫著／中央公論新社（中公新書）／2016年4月

今森光彦ネイチャーフォト・ギャラリー四季を彩る小さな命・日本の昆虫／今森光彦著／偕成社／2010年4月

命のものさし：動物の命・人間の命・わたしの命／今西乃子著／浜田一男写真／合同出版／2019年11月

深層学習の原理に迫る：数学の挑戦／今泉允聡著／岩波書店（岩波科学ライブラリー）／2021年4月

気がつけば動物学者三代／今泉忠明著／講談社／2018年7月

教師が育つ条件／今津孝次郎著／岩波書店（岩波新書 新赤版）／2012年11月

震災が教えてくれたこと：津波で家族3人を亡くした新聞記者の記録／今野公美子著／朝日学生新聞社／2012年2月

学校では教えてくれないゆかいな漢字の話—14歳の世渡り術／今野真二著／丸山誠司イラスト／河出書房新社／2021年5月

空飛ぶ微生物ハンター／佐久間博著／汐文社／2019年8月

中原中也沈黙の音楽／佐々木幹郎著／岩波書店（岩波新書 新赤版）／2017年8月

学校を改革する：学びの共同体の構想と実践／佐藤学著／岩波書店（岩波ブックレット）／2012年7月

観念説と観念論：イデアの近代哲学史／佐藤義之編著；松枝啓至編著渡邉浩一編著；安部浩著；内田浩明著；神野慧一郎著；戸田剛文著；冨田恭彦著；松本啓二朗著／ナカニシヤ出版／2023年3月

しあわせの牛乳：牛もしあわせ!おれもしあわせ!—生きかた／佐藤慧著／安田菜津紀写真／ポプラ社（ポプラ社ノンフィクション）／2018年3月

化学で「透明人間」になれますか?：人類の夢をかなえる最新研究15／佐藤健太郎著／光文社（光文社新書）／2014年12月

科学者になりたい君へ—14歳の世渡り術／佐藤勝彦著／河出書房新社／2020年10月

憎しみを乗り越えて：ヒロシマを語り継ぐ近藤紘子／佐藤真澄著／汐文社／2019年12月

理系学術研究者になるには—なるにはBOOKS；143／佐藤成美著／ぺりかん社／2016年2月

理学部・理工学部—なるにはBOOKS. 大学学部調べ／佐藤成美著／ぺりかん社／2017年6月

栄養学部：中高生のための学部選びガイド—なるにはBOOKS. 大学学部調べ／佐藤成美著／ぺりかん社／2019年7月

農学部：中高生のための学部選びガイド—なるにはBOOKS. 大学学部調べ／佐藤成美著／ぺりかん社／2021年8月

高校生にも読んでほしい海の安全保障の授業：日本人が知らない南シナ海の大問題!／佐藤正久著／ワニブックス／2016年12月

医師による野球技術論叙説 ＝A Physician's Theory of Baseball Technologies／佐藤卓彌著／彩流社／2017年10月

「ズルさ」のすすめ／佐藤優著／青春出版社（青春新書 INTELLIGENCE）／2014年12月

僕ならこう読む／佐藤優著／青春出版社（青春新書 INTELLIGENCE）／2017年2月

子どもを守る仕事／佐藤優著；遠藤久江著；池上和子著／筑摩書房（ちくまプリマー新書）／2020年1月

農業者になるには—なるにはbooks；46／佐藤亮子編著／ぺりかん社／2011年11月

〈読む〉という冒険：イギリス児童文学の森へ／佐藤和哉著／岩波書店（岩波ジュニア新書）／2022年2月

高校生のための人物に学ぶ日本の思想史—シリーズ・16歳からの教養講座／佐伯啓思編著／ミネルヴァ書房／2020年12月

グローバル定義にもとづくスクールソーシャルワーク入門：スクールソーシャルワーカーをめざす高校

生・大学生のみなさんへ／佐野治／みらい／2021年3月

桜守のはなし／佐野藤右衛門作／講談社／2012年3月

鷹匠は女子高生!／佐和みずえ著／汐文社／2011年11月

走る動物病院／佐和みずえ著;佐藤まり子イラスト／汐文社／2013年6月

ファーブル／砂田弘文／ポプラ社（ポプラポケット文庫）／2010年8月

世界一やさしい精神科の本―14歳の世渡り術／斎藤環著;山登敬之著／河出書房新社／2011年5月

ジャーナリストという仕事／斎藤貴男著／岩波書店（岩波ジュニア新書）／2016年1月

あったらいいな、こんな義足―楽しく知ろうバリアフリーからだをたすける道具／斎藤多加子著／汐文社／2019年12月

あったらいいな、こんな義手―楽しく知ろうバリアフリーからだをたすける道具／斎藤多加子著／汐文社／2020年2月

科学者としての宮沢賢治／斎藤文一著／平凡社（平凡社新書）／2010年7月

AO入試を受ける前に知っておいて欲しいこと：早慶AO入試完全攻略法／斎木陽平著／エール出版社（Yell books）／2011年6月

ある日突然AIがあなたの会社に／細川義洋著／マイナビ出版（マイナビ新書）／2018年4月

看護師の仕事につきたい!：命を救う看護のプロフェッショナル―教えて、先輩!私の職業シリーズ；4／坂本すが著／中経出版／2011年7月

坂茂の家の作り方＝How to make Houses-くうねるところにすむところ：家を伝える本シリーズ；30／坂茂著／平凡社／2013年3月

最新!宇宙探検ビジュアルブック―生活シリーズ／阪本成一監修／主婦と生活社／2014年7月

全国作家記念館ガイド／作家記念館研究会編／山川出版社／2019年3月

漢字ハカセ、研究者になる／笹原宏之著／岩波書店（岩波ジュニア新書）／2022年3月

パワハラに負けない!：労働安全衛生法指南／笹山尚人著／岩波書店（岩波ジュニア新書）／2013年11月

歯科医師になるには―なるにはBOOKS；86／笹田久美子著／ぺりかん社／2017年7月

診療放射線技師になるには―なるにはBOOKS／笹田久美子著／ぺりかん社／2018年3月

医療事務スタッフになるには―なるにはBOOKS；160／笹田久美子著／ぺりかん社／2023年8月

10代のための生きるヒント：みんなとちがっても大丈夫!／笹田夕美子著／シャスタインターナショナル／2019年12月

教育者という生き方―発見!しごと偉人伝／三井綾子著／ぺりかん社／2012年10月

教育学部：中高生のための学部選びガイド―なるにはBOOKS. 大学学部調べ／三井綾子著／ぺりかん社／2018年6月

教育業界で働く―なるにはBOOKS；補巻25／三井綾子著／ぺりかん社／2020年8月

国際学部：中高生のための学部選びガイド―なるにはBOOKS. 大学学部調べ／三井綾子著／ぺりかん社／2021年4月

音楽学部：中高生のための学部選びガイド―なるにはBOOKS. 大学学部調べ／三井綾子著／ぺりかん社／2023年11月

遠野物語へようこそ／三浦佑之;赤坂憲雄著／筑摩書房（ちくまプリマー新書）／2010年1月

介護のススメ!：希望と創造の老人ケア入門／三好春樹著／筑摩書房（ちくまプリマー新書）／2016年12月

土木技術者になるには―なるにはBOOKS；157／三上美絵著／ぺりかん社／2022年12月

手持ちのカードで、〈なんとか〉生きてます。：世渡り下手の新しい世渡り術―14歳の世渡り術／三人称鉄塔著／河出書房新社／2023年9月

一流はなぜ「シューズ」にこだわるのか／三村仁司著／青春出版社（青春新書INTELLIGENCE）／2016年8月

科学者はなぜ神を信じるのか：コペルニクスからホーキングまで／三田一郎著／講談社（ブルーバックス）／2018年6月

看護ってどんなしごと?／三田圭介作画;林優子;田中克子監修／メディカ出版／2010年4月

行政書士になるには―なるにはBOOKS；108／三田達治編著／ぺりかん社／2020年1月

13歳からの税／三木義一監修／かもがわ出版／2020年1月

図解・旅客機運航のメカニズム：航空機オペレーション入門／三澤慶洋著／講談社（ブルーバックス）／2010年6月

船で働く人たち：しごとの現場としくみがわかる!―しごと場見学!／山下久猛著／ぺりかん社／2013年3月

新聞社・出版社で働く人たち：しごとの現場としくみがわかる!―しごと場見学!／山下久猛著／ぺりかん社／2014年7月

法学部：中高生のための学部選びガイド―なるにはBOOKS. 大学学部調べ／山下久猛著／ぺりかん社／2018年5月

経済学部：中高生のための学部選びガイド―なるにはBOOKS. 大学学部調べ／山下久猛著／ぺりかん社／2021年5月

体育学部・スポーツ科学部：中高生のための学部選びガイド―なるにはBOOKS. 大学学部調べ／山下久猛著／ぺりかん社／2023年5月

警察官になるには―なるにはBOOKS；48／山下久猛著／ぺりかん社／2023年12月

西欧デモクラシーの哲学的伝統：アリストテレスにはじまる／山下正男／工作舎／2023年12月

素敵なオトナ図鑑＝Sutekinaotona visual dictionary：身近な素敵な大人を紹介する図鑑／山口克志他著／AmazingAdventure 星雲社／2022年3月

素敵なオトナ図鑑＝Sutekinaotona visual dictionary：身近な素敵な大人を紹介する図鑑. Vol.3／山口克志他著／AmazingAdventure 星雲社／2023年11月

客室乗務員の誕生：「おもてなし」化する日本社会／山口誠著／岩波書店（岩波新書 新赤版）／2020年2月

理化学研究所：100年目の巨大研究機関／山根一眞著／講談社（ブルーバックス）／2017年3月

保健師・養護教諭になるには―なるにはBOOKS；105／山崎京子監修；鈴木るり子編著;標美奈子編著;堀篭ちづ子編著／ぺりかん社／2017年5月

保健師・助産師・養護教諭になるには／山崎京子編著／ぺりかん社／2011年10月

「働くこと」を問い直す／山崎憲著／岩波書店（岩波新書 新赤版）／2014年11月

宇宙飛行士は見た宇宙に行ったらこうだった!／山崎直子著／repicbook／2020年12月

瑠璃色の星：宇宙から伝える心のメッセージ／山崎直子著／世界文化社／2010年8月

リアルジャイアンから悩める君たちへ―Marble books／山崎武司著／マーブルトロン／2011年5月

食料自給率を考える―世界と日本の食料問題／山崎亮一監修／文研出版／2012年1月

食料問題にたちむかう―世界と日本の食料問題／山崎亮一監修／文研出版／2012年2月

探検!ものづくりと仕事人 マヨネーズ・ケチャップ・しょうゆ／山中伊知郎著／ぺりかん社／2012年8月

警備員・セキュリティスタッフになるには―なるにはBOOKS；141／山中伊知郎著／ぺりかん社／2015年6月

放送局で働く人たち：しごとの現場としくみがわかる! デジタルプリント版―しごと場見学!／山中伊知郎著／ぺりかん社／2018年1月

山中伸弥先生に、人生とiPS細胞について聞いてみた：ふりがな付／山中伸弥著;緑慎也聞き手／講談社（講談社+α新書）／2017年7月

YouTuber教室―マンガでマスター／山田せいこ原作;FULMA株式会社監修;田伊りょうき漫画／ポプラ社／2018年8月

「あまった食べ物」が農業を救う：ウンコと生ゴミを生かす循環社会／山田浩太著／PHP研究所（PHPサイエンス・ワールド新書）／2012年6月

AIとともに生きる未来 3／山田誠二監修／文溪堂／2020年3月

宇宙開発―天文・宇宙の科学／山田陽志郎著／大日本図書／2012年3月

医者をめざす君へ：心臓に障害をもつ中学生からのメッセージ／山田倫太郎著／東洋経済新報社／2015年10月

どうする・どうなる口蹄疫／山内一也著／岩波書店（岩波科学ライブラリー）／2010年10月

インフルエンザウイルスを発見した日本人／山内一也著／岩波書店（岩波科学ライブラリー）／2023年8月

偏差値45からの大学の選び方／山内太地著／筑摩書房（ちくまプリマー新書）／2023年4月

やりたいことがわからない高校生のための最高の職業と進路が見つかるガイドブック／山内太地著;小林尚著;倉田けいイラスト／KADOKAWA／2023年11月

潜水艦の戦う技術：現代の「海の忍者」-その実際に迫る／山内敏秀著／SBクリエイティブ（サイエンス・アイ新書）／2015年6月

声優になるには 改訂版―なるにはBOOKS；53／山本健翔著／ぺりかん社／2022年11月

宇宙マグロのすしを食べる：魔法の水「好適環境水」誕生物語／山本俊武著／旬報社／2021年5月

世界にはばたけ!明日の農業・未来の漁業 2／山本美佳執筆;オフィス303執筆／教育画劇／2019年4月

世界にはばたけ!明日の農業・未来の漁業 3／山本美佳執筆;オフィス303執筆／教育画劇／2019年4月

大人はウザい!／山脇由貴子著／筑摩書房（ちくまプリマー新書）／2010年4月

鉄道 新訂版／山﨑友也監修／講談社（講談社の動く図鑑MOVE）／2019年11月

シューマンマンガ音楽家ストーリー；6／志生野みゆき作画／芦塚陽二監修／ドレミ楽譜出版社／2013年10月

世界に勝てる!日本発の科学技術／志村幸雄著／PHP研究所（PHPサイエンス・ワールド新書）／2011年2月

職場体験完全ガイド 38／志村江／ポプラ社／2014年4月

古代世界の超技術：あっと驚く「巨石文明」の智慧／志村史夫著／講談社（ブルーバックス）／2023年12月

古代日本の超技術：あっと驚く「古の匠」の智慧／志村史夫著／講談社（ブルーバックス）／2023年12月

iPS細胞の研究室：体のしくみから研究の未来まで／志田あやか著;京都大学iPS細胞研究所国際広報室編／東京書籍／2020年4月

海上保安庁の仕事につきたい!：日本の海を守るエキスパートの世界―教えて、先輩!私の職業シリーズ；2／私の職業シリーズ取材班著／中経出版／2011年2月

教科書に出てくる日本の画家 1／糸井邦夫監修／汐文社／2012年12月

教科書に出てくる日本の画家 2／糸井邦夫監修／汐文社／2013年2月

教科書に出てくる日本の画家 3／糸井邦夫監修;伊野孝行イラスト;工藤美也子著／汐文社／2013年3月

キャリア教育のウソ／児美川孝一郎著／筑摩書房（ちくまプリマー新書）／2013年6月

ホッキョクグマが教えてくれたこと：ぼくの北極探検3000キロメートル／寺沢孝毅著;あべ弘士絵／ポプラ社（ポプラ社ノンフィクション）／2013年7月

科学と文学／寺田寅彦著／KADOKAWA（角川ソフィア文庫）／2020年7月

大学生活の迷い方：女子寮ドタバタ日記／蒔田直子編著／岩波書店（岩波ジュニア新書）／2014年1月

子どもにかかわる仕事／汐見稔幸編／岩波書店（岩波ジュニア新書）／2011年5月

コンピュータ技術者になるには／宍戸周夫著／ぺりかん社／2010年11月

宇宙飛行士になるには―なるにはBOOKS；109／漆原次郎著／ぺりかん社／2014年6月

ごみ処理場・リサイクルセンターで働く人たち：しごとの現場としくみがわかる!―しごと場見学!／漆原次郎著／ぺりかん社／2016年12月

工学部：中高生のための学部選びガイド―なるにはBOOKS. 大学学部調べ／漆原次郎著／ぺりかん社／2018年5月

情報学部：中高生のための学部選びガイド―なるにはBOOKS. 大学学部調べ／漆原次郎著／ぺりかん社／2022年6月

ゲームで学ぶ経済のしくみ 3(会社のしくみ)／篠原総一監修／学研教育出版／2010年2月

脚本家が教える読書感想文教室／篠原明夫著／主婦の友社／2020年7月

一流は、なぜシンプルな英単語で話すのか／柴田真一著／青春出版社（青春新書INTELLIGENCE）／

2016 年 3 月

新聞記者：現代史を記録する／若宮啓文著／筑摩書房（ちくまプリマー新書）／2013 年 9 月

宇宙がきみを待っている／若田光一;岡田茂著／汐文社／2011 年 4 月

偉人のおはなし：ハンディタイプ：夢のとびらがひらく!―頭のいい子を育てる／主婦の友社編／主婦の友社／2016 年 7 月

東京五輪マラソンで日本がメダルを取るために必要なこと／酒井政人著／ポプラ社（ポプラ選書. 未来へのトビラ）／2019 年 4 月

牛乳とタマゴの科学：完全栄養食品の秘密／酒井仙吉著／講談社（ブルーバックス）／2013 年 5 月

科学という考え方：アインシュタインの宇宙／酒井邦嘉著／中央公論新社（中公新書）／2016 年 5 月

新・材料化学の最前線：未来を創る「化学」の力／首都大学東京都市環境学部分子応用化学研究会編／講談社（ブルーバックス）／2010 年 7 月

氷河期だけど大丈夫!人気企業内定作戦／就活ブレイクスルーネット著／エール出版社（Yell books）／2010 年 11 月

長崎原爆記：被爆医師の証言／秋月辰一郎著／日本ブックエース（平和文庫）／2010 年 11 月

世界はデザインでできている／秋山具義著／筑摩書房（ちくまプリマー新書）／2019 年 11 月

高校受験で成功する!中学生の合格ルール教科別必勝の勉強法 60―ジュニアシリーズ／秋田洋和監修／メイツ出版（コツがわかる本）／2016 年 2 月

カジュアルダイニング葵―ヤング・エキスパート・シリーズ ＝Young expert series；経営コンサルタント編／秋本健樹+桜草書房編集部著／桜草書房／2019 年 1 月

空港の大研究：どんな機能や役割があるの?：滑走路のヒミツから遊べる施設まで／秋本俊二著／PHP 研究所／2012 年 8 月

これだけは知りたい旅客機の疑問 100：自動操縦はどこまでお任せ?行きと帰りで飛行時間が違う理由は?／秋本俊二著／SB クリエイティブ（サイエンス・アイ新書）／2015 年 7 月

実践!体験!みんなでストップ温暖化 4(地域と家庭で!地球を守るエコ活動)／住明正監修／学研教育出版／2011 年 2 月

僕らが学校に行く理由―生きかた／渋谷敦志写真・文／ポプラ社（ワイド版ポプラ社ノンフィクション）／2022 年 8 月

名画とあらすじでわかる!英雄とワルの世界史／祝田秀全監修／青春出版社（青春新書 INTELLIGENCE）／2015 年 2 月

森鷗外、自分を探す／出口智之著／岩波書店（岩波ジュニア新書）／2022 年 12 月

頭のいい人の考え方：入試現代文で身につく論理力／出口汪著／青春出版社（青春新書 INTELLIGENCE）／2016 年 1 月

データと地図で見る日本の産業 3／勝川俊雄監修／ポプラ社／2014 年 4 月

教師が薦める大学 改訂新版／小園修著／エール出版社（Yell books）／2011 年 1 月

世界が感動!ニッポンのおもてなし 第 1 巻 (買う・利用する)／小笠原敬承斎監修／日本図書センター／2014 年 6 月

環境専門家になるには―なるには BOOKS；37／小熊みどり著／ぺりかん社／2021 年 6 月

航空宇宙エンジニアになるには―なるには BOOKS；159／小熊みどり著／ぺりかん社／2023 年 1 月

ほたるの伝言／小原玲著／教育出版／2010 年 9 月

マンガおはなし物理学史：物理学 400 年の流れを概観する／小山慶太原作佐々木ケン漫画／講談社（ブルーバックス）／2015 年 4 月

科学史人物事典：150 のエピソードが語る天才たち／小山慶太著／中央公論新社（中公新書）／2013 年 2 月

先生になろう!：セカンドステージでキャリアを生かす／小山信康著;小澤俊雄監修／マイナビ出版（マイナビ新書）／2019 年 2 月

「数学をする」ってどういうこと?／小山信也著;Cotone.イラスト;長原佑愛イラスト／技術評論社／2021 年 5 月

23

介護というお仕事—世の中への扉／小山朝子著／講談社／2017年8月

ニュートリノの夢／小柴昌俊著／岩波書店（岩波ジュニア新書）／2010年1月

英語で話すヒント：通訳者が教える上達法／小松達也著／岩波書店（岩波新書 新赤版）／2012年1月

音楽に自然を聴く／小沼純一著／平凡社（平凡社新書）／2016年4月

海上保安官になるには／小森陽一著／ぺりかん社／2011年10月

現役カリスマ慶應生の受験スランプ脱出作戦：受験準備から大学デビューまで77の悩みをQ&Aでスッキリ解消!／小杉樹彦著／エール出版社（Yell books）／2011年12月

アニメ業界で働く—なるにはBOOKS；補巻27／小杉眞紀;山田幸彦;吉田真奈著／ぺりかん社／2021年11月

ゲーム業界で働く—なるにはBOOKS；補巻26／小杉眞紀;山田幸彦著／ぺりかん社／2020年6月

アプリケーションエンジニアになるには—なるにはBOOKS；156／小杉眞紀著;吉田真奈著;山田幸彦著／ぺりかん社／2021年6月

総合学科高校：中学生のキミと学校調べ—なるにはBOOKS. 高校調べ／小杉眞紀著;山田幸彦著;吉田真奈著／ぺりかん社／2023年4月

学術研究者になるには：人文・社会科学系 改訂版—なるにはbooks／小川秀樹編著／ぺりかん社／2010年1月

フォークソングが教えてくれた／小川真一著／マイナビ出版（マイナビ新書）／2020年8月

ニッポンの刑事たち—世の中への扉／小川泰平著／講談社／2016年5月

医師になるには—なるにはBOOKS；12／小川明著／ぺりかん社／2013年3月

おいしく安心な食と農業 [2]／小泉光久制作・文／文研出版／2021年10月

おいしく安心な食と農業 [3]／小泉光久制作・文／文研出版／2021年11月

コメの歴史を変えたコシヒカリ—農業に奇跡を起こした人たち；第1巻／小泉光久著;根本博監修／汐文社／2013年7月

大粒ブドウの時代をつくった巨峰—農業に奇跡を起こした人たち／小泉光久著;柴壽監修／汐文社／2014年2月

講談師・浪曲師になるには—なるにはBOOKS／小泉博明著;稲田和浩著;宝井琴鶴編集協力／ぺりかん社／2019年12月

いちばん大切な食べものの話：どこで誰がどうやって作ってるか知ってる?／小泉武夫著;井出留美著／筑摩書房（ちくまQブックス）／2022年11月

音楽のあゆみと音の不思議 3／小村公次著／大月書店／2019年3月

心のなかを描きたい!：色も形も自由なポスト印象主義—美術っておもしろい!；4／小池寿子監修／彩流社／2016年1月

医学探偵の歴史事件簿／小長谷正明著／岩波書店（岩波新書 新赤版）／2014年2月

AIの時代と法／小塚荘一郎著／岩波書店（岩波新書 新赤版）／2019年11月

図書館図鑑／小田光宏監修／金の星社／2021年12月

農山村は消滅しない／小田切徳美著／岩波書店（岩波新書 新赤版）／2014年12月

短歌部、ただいま部員募集中!／小島なお著;千葉聡著／岩波書店（岩波ジュニアスタートブックス）／2022年4月

国境なき助産師が行く：難民救助の活動から見えてきたこと／小島毬奈著／筑摩書房（ちくまプリマー新書）／2018年10月

NPO法人で働く—なるにはBOOKS；補巻13／小堂敏郎著／ぺりかん社／2012年8月

銀行で働く人たち：しごとの現場としくみがわかる!—しごと場見学!／小堂敏郎著／ぺりかん社／2016年3月

決定版!パラリンピック大百科 5／小峰書店編集部編／小峰書店／2019年4月

数学超絶難問：時代を超えて天才の頭脳に挑戦!／小野田博一著／日本実業出版社／2014年6月

絵本作家になるには—なるにはBOOKS；139／小野明;柴田こずえ著／ぺりかん社／2013年10月

「スパコン富岳」後の日本：科学技術立国は復活できるか／小林雅一著／中央公論新社（中公新書ラク

レ）／2021年3月

化石ハンター：恐竜少年じゃなかった僕はなぜ恐竜学者になったのか?―心の友だち／小林快次著／PHP研究所／2019年6月

医学部入試面接集中講義 改訂4版―小林公夫の集中講義／小林公夫著／エール出版社（Yell books）／2016年1月

東大生・医者・弁護士になれる人の思考法／小林公夫著／筑摩書房（ちくまプリマー新書）／2010年5月

ふしぎなお天気のいろいろ：お天気キャスターが教える／小林正寿著／repicbook／2021年9月

音楽家とネコたち／小澤一雄／ポトス出版／2016年5月

高校受験で成功する!中学生の合格ノート教科別必勝ポイント55―ジュニアシリーズ／小澤淳監修／メイツ出版（コツがわかる本）／2014年2月

電力自由化で何が変わるか／小澤祥司著／岩波書店（岩波ブックレット）／2016年4月

折れない心を育てるいのちの授業：You matter because you are you／小澤竹俊著／KADOKAWA／2019年8月

プログラミングという最強の武器―君に伝えたい仕事の話・シリーズ；1／庄司渉著／ロングセラーズ／2022年12月

目指せプログラマー!プログラミング超入門：プログラミング的な考え方をしっかり身につけよう Visual Studio Community・C#編／掌田津耶乃著／マイナビ／2015年6月

日本全国新幹線に乗ろう!：日本全国の新幹線が大集合! 2版―まっぷるキッズ／昭文社旅行ガイドブック編集部編集／昭文社／2021年10月

売るしごと：営業・販売・接客：会社の中にはどんな職種があるのかな?―会社のしごと；1／松井大助著／ぺりかん社／2011年11月

会社のしごと：会社の中にはどんな職種があるのかな? 2／松井大助著／ぺりかん社／2012年5月

会社のしごと：会社の中にはどんな職種があるのかな? 3／松井大助著／ぺりかん社／2012年12月

会社のしごと：会社の中にはどんな職種があるのかな? 4／松井大助著／ぺりかん社／2013年5月

会社のしごと：会社の中にはどんな職種があるのかな? 5／松井大助著／ぺりかん社／2013年12月

会社のしごと：会社の中にはどんな職種があるのかな? 6／松井大助著／ぺりかん社／2014年5月

工場で働く人たち：しごとの現場としくみがわかる!―しごと場見学!／松井大助著／ぺりかん社／2015年7月

看護学部・保健医療学部―なるにはBOOKS. 大学学部調べ／松井大助著／ぺりかん社／2017年4月

学校で働く人たち：しごとの現場としくみがわかる! デジタルプリント版―しごと場見学!／松井大助著／ぺりかん社／2018年1月

会社で働く：製品開発ストーリーから職種を学ぶ!―なるにはBOOKS；別巻／松井大助著／ぺりかん社／2021年5月

14歳のキミに贈る起業家という激烈バカの生き方：負けろ!敗北が人生を変え新世界を創るから／松井勇人著／ごま書房新社／2019年8月

火薬のはなし：爆発の原理から身のまわりの火薬まで／松永猛裕著／講談社（ブルーバックス）／2014年8月

通訳になりたい!：ゼロからめざせる10の道／松下佳世著／岩波書店（岩波ジュニア新書）／2016年4月

鉱物・宝石のふしぎ大研究：自然がつくった芸術品：でき方や性質・用途を探ろう!／松原聰監修／PHP研究所／2010年9月

童貞の教室―よりみちパン!セ；P054／松江哲明著;古泉智浩マンガ／イースト・プレス／2012年10月

義足と歩む：ルワンダに生きる日本人義肢装具士／松島恵利子著／汐文社／2019年8月

人間を究める-スタディサプリ三賢人の学問探究ノート：今を生きる学問の最前線読本；1／松尾豊著;長谷川眞理子著;廣野由美子著／ポプラ社／2020年3月

世界一やさしい依存症入門：やめられないのは誰かのせい?―14歳の世渡り術／松本俊彦著／河出書房新社／2021年8月

落語の聴き方楽しみ方／松本尚久著／筑摩書房（ちくまプリマー新書）／2010年12月

君たちは夢をどうかなえるか―心の友だち／松本零士著／PHP研究所／2018年6月

音楽の革命児ワーグナー 新版／松本零士著／復刊ドットコム／2018年6月

特別支援学校教師になるには―なるにはbooks；66／松矢勝宏;宮崎英憲;高野聡子編著／ぺりかん社／2010年5月

学校のふしぎなぜ?どうして?／沼田晶弘監修／高橋書店／2020年6月

13歳からのレイチェル・カーソン／上遠恵子監修;レイチェル・カーソン日本協会編／かもがわ出版／2021年5月

レイチェル・カーソン：いのちと地球を愛した人―ひかりをかかげて／上遠恵子著／日本キリスト教団出版局／2013年2月

物語ること、生きること／上橋菜穂子著;瀧晴巳構成・文／講談社／2013年10月

物語ること、生きること／上橋菜穂子著;瀧晴巳構成・文／講談社（講談社青い鳥文庫）／2016年7月

命の意味命のしるし―世の中への扉／上橋菜穂子著;齊藤慶輔著／講談社／2017年1月

技術者という生き方―発見!しごと偉人伝／上山明博著／ぺりかん社／2012年3月

今日からなくそう!食品ロス：わたしたちにできること 1／上村協子監修;幸運社編／汐文社／2020年8月

新・大学でなにを学ぶか／上田紀行編著／岩波書店（岩波ジュニア新書）／2020年2月

働くための「話す・聞く」：コミュニケーション力って何?―なるにはBOOKS；別巻／上田晶美著／ぺりかん社／2013年9月

思想家の自伝を読む／上野俊哉著／平凡社（平凡社新書）／2010年7月

死体が教えてくれたこと―14歳の世渡り術／上野正彦著／河出書房新社／2018年9月

非正規公務員という問題：問われる公共サービスのあり方／上林陽治著／岩波書店（岩波ブックレット）／2013年5月

義足でかがやく―世の中への扉／城島充著／講談社／2016年3月

6ケ月で早慶に受かる超勉強法／城野優著／エール出版社（Yell books）／2011年5月

安全な医療のための「働き方改革」／植山直人著;佐々木司著／岩波書店（岩波ブックレット）／2019年4月

国連で働く：世界を支える仕事／植木安弘編著／岩波書店（岩波ジュニア新書）／2023年10月

ロボットは東大に入れるか 改訂新版／新井紀子著／新曜社（よりみちパン!セ）／2018年5月

ショパン：ピアノは歌うぼくの心を―音楽家ものがたり／新井鴎子著／音楽之友社／2020年10月

頭のいい子が育つクラシックの名曲45選／新井鴎子編著／新星出版社／2015年12月

知られざる天才ニコラ・テスラ：エジソンが恐れた発明家／新戸雅章著／平凡社（平凡社新書）／2015年2月

江戸の科学者：西洋に挑んだ異才列伝／新戸雅章著／平凡社（平凡社新書）／2018年4月

平賀源内：「非常の人」の生涯／新戸雅章著／平凡社（平凡社新書）／2020年7月

つくろう!食べよう!勝負ごはん：夢をかなえるスポーツ応援レシピ 1（からだをつくるごはんとおやつ）／新生暁子監修／日本図書センター／2015年12月

つくろう!食べよう!勝負ごはん：夢をかなえるスポーツ応援レシピ 2（ちからをつけるごはんとおやつ）／新生暁子監修／日本図書センター／2016年1月

つくろう!食べよう!勝負ごはん：夢をかなえるスポーツ応援レシピ 3（げんきになるごはんとおやつ）／新生暁子監修／日本図書センター／2016年2月

いま、この惑星で起きていること：気象予報士の眼に映る世界／森さやか著／岩波書店（岩波ジュニア新書）／2022年7月

裁判所ってどんなところ?：司法の仕組みがわかる本／森炎著／筑摩書房（ちくまプリマー新書）／2016年11月

就職とは何か：〈まともな働き方〉の条件／森岡孝二著／岩波書店（岩波新書 新赤版）／2011年11月

就活とブラック企業：現代の若者の働きかた事情／森岡孝二編／岩波書店（岩波ブックレット）／2011年3月

2つの粒子で世界がわかる：量子力学から見た物質と力／森弘之著／講談社（ブルーバックス）／2019年

5月

小学校教師になるには―なるには books；29／森川輝紀編著／ぺりかん社／2010年3月

中学校・高校教師になるには―なるには books；89／森川輝紀編著／ぺりかん社／2012年2月

小学校教諭になるには―なるには BOOKS；29／森川輝紀編著;山田恵吾編著／ぺりかん社／2021年3月

いのちを救う災害時医療―14歳の世渡り術／森村尚登著／河出書房新社／2019年12月

ぼくらの時代の罪と罰：きみが選んだ死刑のスイッチ 増補新版／森達也／ミツイパブリッシング／2021年12月

司書になるには―なるには BOOKS；19／森智彦著／ぺりかん社／2016年10月

交流のしくみ：三相交流からパワーエレクトロニクスまで／森本雅之著／講談社（ブルーバックス）／2016年3月

宮本常一と民俗学―日本の伝記：知のパイオニア／森本孝著／玉川大学出版部／2021年9月

自然の材料と昔の道具 1／深光富士男著／さ・え・ら書房／2016年3月

自然の材料と昔の道具 3／深光富士男著／さ・え・ら書房／2016年4月

ハイパーレスキュー災害現場へ走れ!―このプロジェクトを追え!／深光富士男文／佼成出版社／2013年6月

毎日新聞社記事づくりの現場―このプロジェクトを追え!／深光富士男文／佼成出版社／2013年8月

東京メトロ大都会をめぐる地下鉄―このプロジェクトを追え!／深光富士男文／佼成出版社／2013年10月

日本気象協会気象予報の最前線―このプロジェクトを追え!／深光富士男文／佼成出版社／2014年8月

静岡放送テレビ番組制作の舞台裏―このプロジェクトを追え!／深光富士男文／佼成出版社／2014年10月

アドベンチャーワールドパンダをふやせ!―このプロジェクトを追え!／深光富士男文／佼成出版社／2015年1月

与謝野晶子：女性の自立と自由を高らかにうたった情熱の歌人―集英社版・学習漫画. 世界の伝記next／神宮寺一漫画;三上修平シナリオ;加藤美奈子監修・解説／集英社／2011年12月

世界一のパンダファミリー：和歌山「アドベンチャーワールド」のパンダの大家族／神戸万知文・写真／講談社（講談社青い鳥文庫）／2017年7月

まぼろしのノーベル賞山極勝三郎の生涯／神田愛子著／国土社／2012年3月

人生を豊かにしたい人のための講談／神田松鯉著／マイナビ出版（マイナビ新書）／2020年1月

図解・カメラの歴史：ダゲールからデジカメの登場まで／神立尚紀著／講談社（ブルーバックス）／2012年8月

イラストレーターになるには／須長千夏著／ぺりかん社／2010年6月

幕末社会／須田努著／岩波書店（岩波新書 新赤版）／2022年1月

アウトドアで働く―なるには BOOKS；補巻16／須藤ナオミ著;キャンプよろず相談所編／ぺりかん社／2015年2月

自然保護レンジャーになるには―なるには BOOKS；73／須藤ナオミ著;藤原祥弘著;キャンプよろず相談所編／ぺりかん社／2016年10月

医者になりたい君へ：心臓外科医が伝える命の仕事―14歳の世渡り術／須磨久善著／河出書房新社／2014年1月

21歳男子、過疎の山村に住むことにしました／水柿大地著／岩波書店（岩波ジュニア新書）／2014年5月

ぼくが写真家になった理由(わけ)：クジラに教えられたこと―Sphere books／水口博也著／シータス／2011年9月

あと20年でなくなる50の仕事／水野操著／青春出版社（青春新書 INTELLIGENCE）／2015年4月

AI時代を生き残る仕事の新ルール／水野操著／青春出版社（青春新書 INTELLIGENCE）／2017年11月

2025年のブロックチェーン革命：仕事、生活、働き方が変わる／水野操著／青春出版社（青春新書 INTELLIGENCE）／2018年8月

今からはじめる!就職へのレッスン―なるには books；別巻／杉山由美子著／ぺりかん社／2011年10月

天才たちの科学史：発見にかくされた虚像と実像／杉晴夫著／平凡社（平凡社新書）／2011年5月

消防官になるには [2010年]―なるには books；88／菅原順臣著／ぺりかん社／2010年8月

山をつくる：東京チェンソーズの挑戦／菅聖子文／小峰書店／2020年12月

教育幻想：クールティーチャー宣言／菅野仁著／筑摩書房（ちくまプリマー新書）／2010年3月

ふで：奈良筆◆奈良県奈良市―伝統工芸の名人に会いに行く；4／瀬戸山玄文と写真／岩崎書店／2022年4月

道しるべ―15歳の寺子屋／瀬戸内寂聴著／講談社／2012年6月

東大博士が語る理系という生き方／瀬名秀明監修;池谷裕二監修／PHP研究所（PHPサイエンス・ワールド新書）／2010年10月

教師になるには［2017年度版］―教員採用試験シリーズ／成田喜一郎監修;長瀬拓也編著／一ツ橋書店／2015年10月

みんなでつくろう学校図書館／成田康子著／岩波書店（岩波ジュニア新書）／2012年1月

高校図書館デイズ：生徒と司書の本をめぐる語らい／成田康子著／筑摩書房（ちくまプリマー新書）／2017年6月

投票に行きたくなる国会の話／政野淳子著／筑摩書房（ちくまプリマー新書）／2016年6月

元気がでる日本人100人のことば1／晴山陽一監修／ポプラ社／2012年3月

元気がでる日本人100人のことば2／晴山陽一監修／ポプラ社／2012年3月

元気がでる日本人100人のことば3／晴山陽一監修／ポプラ社／2012年3月

元気がでる日本人100人のことば4／晴山陽一監修／ポプラ社／2012年3月

元気がでる日本人100人のことば5／晴山陽一監修／ポプラ社／2012年3月

医学部学士編入ラクラク突破法 改訂4版／清野洋著／エール出版社（Yell books）／2010年5月

農業がわかると、社会のしくみが見えてくる：高校生からの食と農の経済学入門／生源寺眞一著／家の光協会／2010年10月

農業がわかると、社会のしくみが見えてくる：高校生からの食と農の経済学入門 新版／生源寺眞一著／家の光協会／2018年4月

農学が世界を救う！：食料・生命・環境をめぐる科学の挑戦／生源寺眞一編著;太田寛行編著;安田弘法編著／岩波書店（岩波ジュニア新書）／2017年10月

ドキュメント遺伝子工学：巨大産業を生んだ天才たちの戦い／生田哲著／PHP研究所（PHPサイエンス・ワールド新書）／2013年5月

スポーツを仕事にする！／生島淳著／筑摩書房（ちくまプリマー新書）／2010年9月

証券・保険業界で働く―なるにはBOOKS；補巻23／生島典子著／ぺりかん社／2019年6月

ゲッチョ先生のトンデモ昆虫記：セミチョコはいかが?―動物／盛口満著／ポプラ社（ポプラ社ノンフィクション）／2019年3月

10代から目指す!声優トレーニング最強BIBLE-TWJ BOOKS／声優塾監修／トランスワールドジャパン／2013年10月

君へ、そして君のお母さんへ：教育と家庭の絆／西経一著／サンパウロ／2019年12月

ハワード・カーター：ツタンカーメン王の墓を発見した考古学者―集英社版・学習漫画. 世界の伝記next／西公平漫画;黒沢翔シナリオ;吉村作治監修・解説／集英社／2011年7月

税理士になるには 改訂版―なるにはBOOKS／西山恭博著／ぺりかん社／2018年12月

とんでもなく役に立つ数学／西成活裕著／朝日出版社／2011年3月

折り紙学：起源から現代アートまで／西川誠司著;こどもくらぶ編／今人舎／2017年5月

マンガでたのしくわかる!少年野球／西東社編集部編／西東社／2015年1月

泣き笑い!アスリート図鑑／青島健太監修／池田書店／2019年9月

音楽家をめざす人へ／青島広志著／筑摩書房（ちくまプリマー新書）／2011年8月

中国航空戦力のすべて：中国のテクノロジーは世界にどれだけ迫っているのか?／青木謙知著／SBクリエイティブ（サイエンス・アイ新書）／2015年3月

知られざるステルスの技術：現代の航空戦で勝敗の鍵を握る不可視化テクノロジーの秘密／青木謙知著／SBクリエイティブ（サイエンス・アイ新書）／2016年12月

F-35はどれほど強いのか：航空自衛隊が導入した最新鋭戦闘機の実力／青木謙知著／SBクリエイティブ

（サイエンス・アイ新書）／2018年7月

図解・ボーイング787 vs. エアバスA380：新世代旅客機を徹底比較／青木謙知著／講談社（ブルーバックス）／2011年11月

F-15Jの科学：日本の防空を担う主力戦闘機の秘密／青木謙知著;赤塚聡ほか写真／SBクリエイティブ（サイエンス・アイ新書）／2015年10月

F-4ファントム2の科学：40年を超えて最前線で活躍する名機の秘密／青木謙知著;赤塚聡ほか写真／SBクリエイティブ（サイエンス・アイ新書）／2016年7月

F-2の科学：知られざる国産戦闘機の秘密／青木謙知著;赤塚聡写真／SBクリエイティブ（サイエンス・アイ新書）／2014年4月

議会を歴史する―歴史総合パートナーズ；2／青木康著／清水書院／2018年8月

冗長性から見た情報技術：やさしく理解する原理と仕組み／青木直史著／講談社（ブルーバックス）／2011年3月

小林一茶：時代を詠んだ俳諧師／青木美智男著／岩波書店（岩波新書 新赤版）／2013年9月

長崎の文学 4訂新版／青﨑孔編集責任:長崎県高等学校・特別支援学校教育研究国語部会編／長崎県高等学校・特別支援学校教育研究会国語部会／2020年4月

獣医学部：中高生のための学部選びガイド―なるにはBOOKS. 大学学部調べ／斉藤智著／ぺりかん社／2019年6月

職場体験完全ガイド 30／斉藤道子文／ポプラ社／2012年3月

ヤマ場をおさえる単元設計と評価課題・評価問題. 中学校理科／石井英真全体編集;新井直志教科編集／図書文化社／2023年11月

光のメッセージ：日本から世界へ照明デザイナーの冒険／石井幹子著／NHK出版（発売）／2023年3月

光が照らす未来：照明デザインの仕事／石井幹子著／岩波書店（岩波ジュニア新書）／2010年1月

きみが世界を変えるなら [3]／石井光太著／ポプラ社／2016年7月

東日本大震災石巻災害医療の全記録：「最大被災地」を医療崩壊から救った医師の7カ月／石井正著／講談社（ブルーバックス）／2012年2月

樹木ハカセになろう／石井誠治著／岩波書店（岩波ジュニア新書）／2011年3月

AKB48、被災地へ行く／石原真著／岩波書店（岩波ジュニア新書）／2015年1月

打倒!センター試験の現代文／石原千秋著／筑摩書房（ちくまプリマー新書）／2014年7月

劣等生の東大合格体験記―15歳の寺子屋／石黒達昌著／講談社／2010年2月

手塚治虫・未来からの使者／石子順作;手塚治虫画／童心社／2012年3月

いま知らないと後悔する2024年の大学入試改革／石川一郎著／青春出版社（青春新書 INTELLIGENCE）／2021年11月

ニーチェはこう考えた／石川輝吉著／筑摩書房（ちくまプリマー新書）／2010年11月

「食」の未来で何が起きているのか：「フードテック」のすごい世界／石川伸一監修／青春出版社（青春新書 INTELLIGENCE）／2021年1月

クジラをめぐる冒険：ナゾだらけの生態から対立する捕鯨問題まで／石川創著／旬報社／2020年11月

いま生きているという冒険―よりみちパン!セ；P10／石川直樹著／イースト・プレス／2011年10月

いま生きているという冒険 増補新版／石川直樹著／新曜社（よりみちパン!セ）／2019年5月

報道カメラマンの課外授業：いっしょに考えよう、戦争のこと 1／石川文洋写真・文／童心社／2018年3月

報道カメラマンの課外授業：いっしょに考えよう、戦争のこと 2／石川文洋写真・文／童心社／2018年3月

報道カメラマンの課外授業：いっしょに考えよう、戦争のこと 3／石川文洋写真・文／童心社／2018年3月

報道カメラマンの課外授業：いっしょに考えよう、戦争のこと 4／石川文洋写真・文／童心社／2018年3月

データと地図で見る日本の産業 1／石谷孝佑監修／ポプラ社／2014年4月

データと地図で見る日本の産業 2／石谷孝佑監修／ポプラ社／2014 年 4 月

自分と未来のつくり方：情報産業社会を生きる／石田英敬著／岩波書店（岩波ジュニア新書）／2010 年 6 月

〈できること〉の見つけ方：全盲女子大生が手に入れた大切なもの／石田由香理著;西村幹子著／岩波書店（岩波ジュニア新書）／2014 年 11 月

ドッグファイトの科学：知られざる空中戦闘機動の秘密 改訂版／赤塚聡著／SB クリエイティブ（サイエンス・アイ新書）／2018 年 6 月

書籍文化の未来：電子本か印刷本か／赤木昭夫著／岩波書店（岩波ブックレット）／2013 年 6 月

漱石のこころ：その哲学と文学／赤木昭夫著／岩波書店（岩波新書 新赤版）／2016 年 12 月

ゼロから始める医学部受験 改訂 4 版／赤木総一著／エール出版社（Yell books）／2012 年 11 月

江戸のジャーナリスト葛飾北斎 = HOKUSAI,Journalist of the Edo Period／千野境子著／国土社／2021 年 5 月

作家たちの 17 歳／千葉俊二著／岩波書店（岩波ジュニア新書）／2022 年 4 月

短歌は最強アイテム：高校生活の悩みに効きます／千葉聡著／岩波書店（岩波ジュニア新書）／2017 年 11 月

進化のからくり：現代のダーウィンたちの物語／千葉聡著／講談社（ブルーバックス）／2020 年 2 月

若き理科教師たちの実験室／川崎市中学校理科研究会著／東京書籍（ヤングサイエンス選書）／2013 年 5 月

不便益のススメ：新しいデザインを求めて／川上浩司著／岩波書店（岩波ジュニア新書）／2019 年 2 月

すごいタイトル㊙法則／川上徹也著／青春出版社（青春新書 INTELLIGENCE）／2022 年 5 月

過労死しない働き方：働くリアルを考える／川人博著／岩波書店（岩波ジュニア新書）／2020 年 9 月

紀貫之と古今和歌集／川村裕子監修／ほるぷ出版（ビジュアルでつかむ!古典文学の作家たち）／2023 年 2 月

平安のステキな!女性作家たち／川村裕子著;早川圭子絵／岩波書店（岩波ジュニア新書）／2023 年 10 月

「研究室」に行ってみた。／川端裕人著／筑摩書房（ちくまプリマー新書）／2014 年 12 月

科学の最前線を切りひらく!／川端裕人著／筑摩書房（ちくまプリマー新書）／2020 年 3 月

看護師になるにはBOOKS；13／川嶋みどり監修;佐々木幾美著;吉田みつ子著;西田朋子著／ぺりかん社／2014 年 5 月

親愛なるナイチンゲール様：あなたが弱き者と共にあったように／川嶋みどり著／合同出版／2019 年 6 月

北限の稲作にいどむ:"百万石を夢みた男"中山久蔵物語／川嶋康男著／農山漁村文化協会／2012 年 12 月

図解・首都高速の科学：建設技術から渋滞判定のしくみまで／川辺謙一著／講談社（ブルーバックス）／2013 年 11 月

図解・燃料電池自動車のメカニズム：水素で走るしくみから自動運転の未来まで／川辺謙一著／講談社（ブルーバックス）／2016 年 2 月

会社に頼らず生きるために知っておくべきお金のこと／泉正人著／サンクチュアリ出版（sanctuary books）／2011 年 11 月

銀行員になるには―なるにはBOOKS；140／泉美智子著／ぺりかん社／2014 年 4 月

あたらしいこころの国家資格「公認心理師」になるには '16〜'17 年版／浅井伸彦著／秀和システム／2016 年 3 月

駅で働く人たち：しごとの現場としくみがわかる!―しごと場見学!／浅野恵子著／ぺりかん社／2010 年 1 月

百貨店・ショッピングセンターで働く人たち：しごとの現場としくみがわかる!―しごと場見学!／浅野恵子著／ぺりかん社／2015 年 3 月

販売員・ファッションアドバイザーになるには―なるにはBOOKS；35／浅野恵子著／ぺりかん社／2016 年 6 月

病院で働く人たち：しごとの現場としくみがわかる! デジタルプリント版―しごと場見学!／浅野恵子著／ぺりかん社／2018 年 1 月

医学部：中高生のための学部選びガイド―なるにはBOOKS. 大学学部調べ／浅野恵子著／ぺりかん社／
　2018年9月
芸術学部：中高生のための学部選びガイド―なるにはBOOKS. 大学学部調べ／浅野恵子著／ぺりかん社
　／2022年6月
よくわかる政治―世の中への扉／舛添要一著／講談社／2010年8月
志望大合格する参考書・ムダな参考書 2011年版／船山英樹編；受験参考書研究会編／エール出版社（Yell
　books）／2010年2月
ブラック化する学校：少子化なのに、なぜ先生は忙しくなったのか？／前屋毅著／青春出版社（青春新書
　INTELLIGENCE）／2017年2月
カレーライスを一から作る：関野吉晴ゼミ―生きかた／前田亜紀著／ポプラ社（ポプラ社ノンフィクショ
　ン）／2017年11月
職場体験学習に行ってきました。：中学生が本物の「仕事」をやってみた！11／全国中学校進路指導・キャ
　リア教育連絡協議会監修／学研プラス／2016年2月
職場体験学習に行ってきました。：中学生が本物の「仕事」をやってみた！12／全国中学校進路指導・キャ
　リア教育連絡協議会監修／学研プラス／2016年2月
職場体験学習に行ってきました。：中学生が本物の「仕事」をやってみた！13／全国中学校進路指導・キャ
　リア教育連絡協議会監修／学研プラス／2016年2月
職場体験学習に行ってきました。：中学生が本物の「仕事」をやってみた！14／全国中学校進路指導・キャ
　リア教育連絡協議会監修／学研プラス／2016年2月
職場体験学習に行ってきました。：中学生が本物の「仕事」をやってみた！15／全国中学校進路指導・キャ
　リア教育連絡協議会監修／学研プラス／2016年2月
職場体験学習に行ってきました。：中学生が本物の「仕事」をやってみた！1／全国中学校進路指導連絡協
　議会監修／学研教育出版／2014年2月
職場体験学習に行ってきました。：中学生が本物の「仕事」をやってみた！10／全国中学校進路指導連絡協
　議会監修／学研教育出版／2014年2月
職場体験学習に行ってきました。：中学生が本物の「仕事」をやってみた！2／全国中学校進路指導連絡協
　議会監修／学研教育出版／2014年2月
職場体験学習に行ってきました。：中学生が本物の「仕事」をやってみた！4／全国中学校進路指導連絡協
　議会監修／学研教育出版／2014年2月
職場体験学習に行ってきました。：中学生が本物の「仕事」をやってみた！5／全国中学校進路指導連絡協
　議会監修／学研教育出版／2014年2月
職場体験学習に行ってきました。：中学生が本物の「仕事」をやってみた！3／全国中学校進路指導連絡協
　議会監修／学研教育出版 学研マーケティング（発売）／2014年2月
職場体験学習に行ってきました。：中学生が本物の「仕事」をやってみた！6／全国中学校進路指導連絡協
　議会監修／学研教育出版 学研マーケティング（発売）／2014年2月
職場体験学習に行ってきました。：中学生が本物の「仕事」をやってみた！7／全国中学校進路指導連絡協
　議会監修／学研教育出版 学研マーケティング（発売）／2014年2月
職場体験学習に行ってきました。：中学生が本物の「仕事」をやってみた！8／全国中学校進路指導連絡協
　議会監修／学研教育出版 学研マーケティング（発売）／2014年2月
職場体験学習に行ってきました。：中学生が本物の「仕事」をやってみた！9／全国中学校進路指導連絡協
　議会監修／学研教育出版 学研マーケティング（発売）／2014年2月
農業高校へ行こう！／全国農業高等学校長協会監修／家の光協会／2019年8月
鳥獣害：動物たちと、どう向きあうか／祖田修著／岩波書店（岩波新書 新赤版）／2016年8月
辞書・事典のすべてがわかる本 3（知れば知るほどおもしろい辞書・事典）／倉島節尚著／あすなろ書房／
　2016年2月
食にかかわる仕事―漫画家たちが描いた仕事：プロフェッショナル／早川光著；きたがわ翔著；寺沢大介著；
　西ゆうじ著；テリー山本著；山本おさむ著；あべ善太著；倉田よしみ著／金の星社／2016年3月

夢のつかみ方、挑戦し続ける力：元宝塚トップスターが伝える—14歳の世渡り術／早霧せいな著／河出書房新社／2019年8月

シラー小伝／相原隆夫著／近代文藝社／2015年9月

理科はこんなに面白い：身近な自然のふしぎ 改訂新装版／相馬芳枝著／東京図書出版／2015年5月

音楽で生きる方法：高校生からの音大受験、留学、仕事と将来／相澤真一著;高橋かおり著;坂本光太著;輪湖里奈著／青弓社／2020年11月

美術館へ行こう／草薙奈津子著／岩波書店（岩波ジュニア新書）／2013年3月

楽しむ数学10話 新版／足立恒雄著／岩波書店（岩波ジュニア新書）／2012年11月

考えよう!女性活躍社会 1／孫奈美編／汐文社／2017年2月

考えよう!女性活躍社会 2／孫奈美編／汐文社／2017年4月

考えよう!女性活躍社会 3／孫奈美編／汐文社／2017年4月

恋するペンギン：水族館でくらすドリーとぱく—長崎文献社絵物語シリーズ／村越未來作;山本春菜画／長崎文献社／2019年12月

80センチに咲く花／村松勝康著／池田書店／2010年6月

世界の文学名場面を読む／村上政彦著／第三文明社（21C文庫）／2012年2月

勝つために9割捨てる仕事術：元・日本テレビ敏腕プロデューサーが明かす／村上和彦著／青春出版社（青春新書INTELLIGENCE）／2019年1月

電気自動車：「燃やさない文明」への大転換／村沢義久著／筑摩書房（ちくまプリマー新書）／2010年2月

宇宙を仕事にしよう!—14歳の世渡り術／村沢譲著／河出書房新社／2016年11月

公務員という仕事／村木厚子著／筑摩書房（ちくまプリマー新書）／2020年7月

高校生レストランまごの店おいしい和食のキホン／村林新吾著;相可高校調理クラブ著／岩波書店（岩波ジュニア新書）／2015年3月

私の職場はサバンナです!—14歳の世渡り術／太田ゆか著;児島衣里イラスト／河出書房新社／2023年5月

司法の現場で働きたい!：弁護士・裁判官・検察官／打越さく良編;佐藤倫子編／岩波書店（岩波ジュニア新書）／2018年3月

夢活!なりたい!アニメの仕事 1／代々木アニメーション学院監修／汐文社／2018年1月

夢活!なりたい!アニメの仕事 2／代々木アニメーション学院監修／汐文社／2018年3月

夢活!なりたい!アニメの仕事 3／代々木アニメーション学院監修／汐文社／2018年3月

港で働く人たち：しごとの現場としくみがわかる!しごと場見学!／大浦佳代著／ぺりかん社／2013年1月

牧場・農場で働く人たち：しごとの現場としくみがわかる!—しごと場見学!／大浦佳代著／ぺりかん社／2014年12月

漁師になるには—なるにはBOOKS／大浦佳代著／ぺりかん社／2019年1月

農業科高校：中学生のキミと学校調べ—なるにはBOOKS. 高校調べ／大浦佳代著／ぺりかん社／2023年10月

ものづくりの仕事—漫画家たちが描いた仕事：プロフェッショナル／大河原遁著;えすとえむ著;たなかじゅん著;河本ひろし著;松田奈緒子著／金の星社／2016年3月

経営学部・商学部：中高生のための学部選びガイド—なるにはBOOKS. 大学学部調べ／大岳美帆著／ぺりかん社／2019年4月

環境学部：中高生のための学部選びガイド—なるにはBOOKS. 大学学部調べ／大岳美帆著／ぺりかん社／2020年4月

人間科学部：中高生のための学部選びガイド—なるにはBOOKS. 大学学部調べ／大岳美帆著／ぺりかん社／2022年1月

商業科高校：中学生のキミと学校調べ—なるにはBOOKS. 高校調べ／大岳美帆著／ぺりかん社／2023年8月

美容師・理容師になるには—なるにはBOOKS／大岳美帆著;木村由香里著／ぺりかん社／2018年4月

13歳からの研究倫理：知っておこう!科学の世界のルール／大橋淳史著／化学同人／2018年8月

理系女性の人生設計ガイド：自分を生かす仕事と生き方／大隅典子著;大島まり著;山本佳世子著／講談社（ブルーバックス）／2021年5月

探究する精神：職業としての基礎科学／大栗博司著／幻冬舎（幻冬舎新書）／2021年3月

ゼロからわかるブラックホール：時空を歪める暗黒天体が吸い込み、輝き、噴出するメカニズム／大須賀健／講談社（ブルーバックス）／2011年6月

ぶたにく／大西暢夫写真・文／幻冬舎エデュケーション／2010年1月

10代のための座右の銘：今を変える未来を変える／大泉書店編集部編／大泉書店／2015年9月

3.11後の子どもと健康：保健室と地域に何ができるか／大谷尚子著;白石草著;吉田由布子著／岩波書店（岩波ブックレット）／2017年7月

教えて!マジカルドクター ＝PLEASE TEACH ME,MAGICAL DOCTOR!：病気のこと、お医者さんのこと／大塚篤司著;油沼漫画／丸善出版／2021年11月

協力と罰の生物学／大槻久著／岩波書店（岩波科学ライブラリー）／2014年5月

幼稚園教諭になるには―なるにはBOOKS／大豆生田啓友著／ぺりかん社／2019年12月

日本の森林と林業：森林学習のための教本 第2版／大日本山林会編／大日本山林会／2012年5月

作家のまんぷく帖／大本泉著／平凡社（平凡社新書）／2018年4月

オリンピック パラリンピックのスゴイ話 ライバル・友情編／大野益弘著／ポプラ社（ポプラポケット文庫）／2020年4月

オリンピックヒーローたちの物語 ＝Olympic Stories／大野益弘著／ポプラ社（ポプラ社ノンフィクション）／2012年6月

きみに応援歌(エール)を古関裕而物語-14歳からの地図／大野益弘著／講談社／2020年3月

君に届け!希望のトランペット／大野俊三著／潮出版社（潮ジュニア文庫）／2019年9月

大切なものほど、そばにある。：大人になる君に伝えたいこと／大野靖之著／きずな出版／2016年1月

落語・寄席芸―日本の伝統芸能を楽しむ／大友浩著／偕成社／2017年4月

未来へつなぐ食のバトン：映画『100年ごはん』が伝える農業のいま／大林千茱萸著／筑摩書房（ちくまプリマー新書）／2015年6月

科学研究とデータのからくり：日本は不正が多すぎる!／谷岡一郎著／PHP研究所（PHP新書）／2015年10月

ビルメンテナンススタッフになるには―なるにはBOOKS；145／谷岡雅樹著／ぺりかん社／2017年3月

10代からの「いのち学」：あるがん研究者のつぶやき／谷口俊一郎著／オフィスエム／2012年9月

腰痛をこころで治す：心療整形外科のすすめ／谷川浩隆著／PHP研究所（PHPサイエンス・ワールド新書）／2013年7月

動物はわたしたちの大切なパートナー 2／谷田創監修／WAVE出版／2021年12月

スポーツで働く―なるにはBOOKS／谷隆一著;藤江亮介著／ぺりかん社／2019年1月

コーヒーの科学：「おいしさ」はどこで生まれるのか／旦部幸博著／講談社（ブルーバックス）／2016年2月

人生の頂点(ピーク)は定年後：サードエイジ＝「人生最良の時間」をどう迎えるか／池口武志著／青春出版社（青春新書INTELLIGENCE）／2022年1月

西洋美術史入門／池上英洋著／筑摩書房（ちくまプリマー新書）／2012年2月

西洋美術史入門 実践編／池上英洋著／筑摩書房（ちくまプリマー新書）／2014年3月

池上彰さんと学ぶ12歳からの政治 3／池上彰監修／学研プラス／2017年2月

池上彰さんと学ぶ12歳からの政治 4／池上彰監修／学研プラス／2017年2月

池上彰のみんなで考えよう18歳からの選挙 1(知れば知るほど面白い選挙)／池上彰監修／文溪堂／2016年3月

池上彰の世界の見方 ＝Akira Ikegami,How To See the World アメリカ／池上彰著／小学館／2016年4月

先生!／池上彰編／岩波書店（岩波新書 新赤版）／2013年7月

クニマスは生きていた!／池田まき子著／汐文社／2017年11月

医薬品業界で働く―なるにはBOOKS／池田亜希子著／ぺりかん社／2018年11月

社会保険労務士になるには―なるにはBOOKS；63／池田直子著／ぺりかん社／2021年12月

造船の技術：どうやって巨大な船体を組み立てる?大きなエンジンは船にどう載せるの?／池田良穂著／SB
　クリエイティブ（サイエンス・アイ新書）／2013年10月

人生を切りひらいた女性たち：なりたい自分になろう!1（医療・科学編）／池内了監修／教育画劇／2016年
　2月

科学者と戦争／池内了著／岩波書店（岩波新書 新赤版）／2016年6月

科学者と軍事研究／池内了著／岩波書店（岩波新書 新赤版）／2017年12月

寺田寅彦と物理学―日本の伝記：知のパイオニア／池内了著／玉川大学出版部／2021年7月

音楽ってなんだろう?：知れば知るほど楽しくなる―中学生の質問箱／池辺晋一郎著／平凡社／2019年12
　月

本は、これから／池澤夏樹編／岩波書店（岩波新書 新赤版）／2010年11月

現代人の伝記：人間てすばらしい、生きるってすばらしい 5／致知編集部著／致知出版社／2013年11月

現代人の伝記：人間てすばらしい、生きるってすばらしい 4／致知編集部編／致知出版社／2010年7月

現代人の伝記：人間てすばらしい、生きるってすばらしい 2／致知編集部編著／致知出版社／2010年7月

現代人の伝記：人間てすばらしい、生きるってすばらしい 3／致知編集部編著／致知出版社／2010年7月

これを知らずに働けますか?：学生と考える、労働問題ソボクな疑問30／竹信三恵子著／筑摩書房（ちくま
　プリマー新書）／2017年7月

官製ワーキングプアの女性たち：あなたを支える人たちのリアル／竹信三恵子編;戒能民江編;瀬山紀子編／
　岩波書店（岩波ブックレット）／2020年9月

「理系」で読み解くすごい日本史／竹村公太郎監修／青春出版社（青春新書INTELLIGENCE）／2019
　年3月

高校生のための哲学・思想入門：哲学の名著セレクション／竹田青嗣編著;西研編著／筑摩書房／2014年
　11月

ブレイクスルーの科学者たち／竹内薫著／PHP研究所（PHP新書）／2010年4月

自分はバカかもしれないと思ったときに読む本―14歳の世渡り術／竹内薫著／河出書房新社／2013年3月

人物で語る化学入門／竹内敬人著／岩波書店（岩波新書 新赤版）／2010年3月

培養肉とは何か?／竹内昌治著;日比野愛子著／岩波書店（岩波ブックレット）／2022年12月

巨大おけを絶やすな!：日本の食文化を未来へつなぐ／竹内早希子著／岩波書店（岩波ジュニア新書）／
　2023年1月

生きるための図書館：一人ひとりのために／竹内悊著／岩波書店（岩波新書 新赤版）／2019年6月

パンの大研究：世界中で食べられている!：種類・作り方から歴史まで／竹野豊子監修／PHP研究所／
　2010年4月

アルベルト・アインシュタイン ＝Albert Einstein：相対性理論を生み出した科学者：物理学者〈ドイツ→
　スイス→アメリカ〉―ちくま評伝シリーズ〈ポルトレ〉／筑摩書房編集部著／筑摩書房／2014年8月

長谷川町子：「サザエさん」とともに歩んだ人生：漫画家〈日本〉―ちくま評伝シリーズ〈ポルトレ〉／
　筑摩書房編集部著／筑摩書房／2014年8月

藤子・F・不二雄：「ドラえもん」はこうして生まれた：漫画家〈日本〉―ちくま評伝シリーズ〈ポルト
　レ〉／筑摩書房編集部著／筑摩書房／2014年8月

本田宗一郎：ものづくり日本を世界に示した技術屋魂：技術者・実業家・ホンダ創業者〈日本〉―ちくま
　評伝シリーズ〈ポルトレ〉／筑摩書房編集部著／筑摩書房／2014年9月

レイチェル・カーソン ＝Rachel Carson：『沈黙の春』で環境問題を訴えた生物学者：生物学者・作家
　〈アメリカ〉―ちくま評伝シリーズ〈ポルトレ〉／筑摩書房編集部著／筑摩書房／2014年10月

黒澤明：日本映画の巨人：映画監督〈日本〉―ちくま評伝シリーズ〈ポルトレ〉／筑摩書房編集部著／筑
　摩書房／2014年10月

ココ・シャネル ＝Coco Chanel：20世紀ファッションの創造者：ファッションデザイナー〈フランス〉―
　ちくま評伝シリーズ〈ポルトレ〉／筑摩書房編集部著／筑摩書房／2014年11月

岡本太郎：「芸術は爆発だ」。天才を育んだ家族の物語：芸術家〈日本〉―ちくま評伝シリーズ〈ポルト

レ）／筑摩書房編集部著／筑摩書房／2014 年 12 月

陳建民：四川料理を日本に広めた男：料理家〈中国・日本〉―ちくま評伝シリーズ〈ポルトレ〉／筑摩書房編集部著／筑摩書房／2015 年 9 月

フリーダ・カーロ ＝Frida Kahlo：悲劇と情熱に生きた芸術家の生涯：画家〈メキシコ〉―ちくま評伝シリーズ〈ポルトレ〉／筑摩書房編集部著／筑摩書房／2015 年 10 月

マリ・キュリー ＝Marie Curie：放射能の研究に生涯をささげた科学者：科学者〈ポーランド〉―ちくま評伝シリーズ〈ポルトレ〉／筑摩書房編集部著／筑摩書房／2015 年 10 月

石井桃子：児童文学の発展に貢献した文学者：翻訳家・児童文学者〈日本〉―ちくま評伝シリーズ〈ポルトレ〉／筑摩書房編集部著／筑摩書房／2016 年 1 月

武満徹：現代音楽で世界をリードした作曲家：作曲家〈日本〉―ちくま評伝シリーズ〈ポルトレ〉／筑摩書房編集部著／筑摩書房／2016 年 1 月

駆け出しマネジャーの成長論：7 つの挑戦課題を「科学」する／中原淳著／中央公論新社（中公新書ラクレ）／2014 年 5 月

駆け出しマネジャーの成長論：7 つの挑戦課題を「科学」する 増補版／中原淳著／中央公論新社（中公新書ラクレ）／2021 年 3 月

アイドルになりたい！／中森明夫著／筑摩書房（ちくまプリマー新書）／2017 年 4 月

よみがえった奇跡の紅型／中川なをみ著／あすなろ書房／2019 年 11 月

クラシック音楽の歴史／中川右介著／KADOKAWA（角川ソフィア文庫）／2017 年 9 月

歌舞伎一年生：チケットの買い方から観劇心得まで／中川右介著／筑摩書房（ちくまプリマー新書）／2016 年 8 月

科学者が人間であること／中村桂子著／岩波書店（岩波新書 新赤版）／2013 年 8 月

きみは怪物を見たか：松井、松坂、斎藤、雄星甲子園のヒーローたちの感動物語―世の中への扉／中村計著／講談社／2010 年 7 月

打てるもんなら打ってみろ！―世の中への扉／中村計著／講談社／2014 年 4 月

王先輩から清宮幸太郎まで早実野球部物語―世の中への扉／中村計著／講談社／2018 年 3 月

クジラの骨と僕らの未来―世界をカエル 10 代からの羅針盤／中村玄著／理論社／2021 年 7 月

自分の将来を考えている"あなた"へこれがソーシャルワークという仕事です：尊厳を守り,支え合いの仕組みを創る／中村剛編／みらい／2016 年 9 月

看護学部からの医学部再受験／中村昌平著／エール出版社（Yell books）／2012 年 11 月

空港で働く人たち：しごとの現場としくみがわかる!-しごと場見学!／中村正人著／ぺりかん社／2013 年 3 月

観光ガイドになるには―なるには BOOKS；142／中村正人著／ぺりかん社／2015 年 8 月

社会学部・観光学部―なるには BOOKS. 大学学部調べ／中村正人著／ぺりかん社／2017 年 7 月

空港で働く人たち：しごとの現場としくみがわかる! デジタルプリント版-しごと場見学!／中村正人著／ぺりかん社／2018 年 1 月

書き出しは誘惑する：小説の楽しみ／中村邦生著／岩波書店（岩波ジュニア新書）／2014 年 1 月

日本の食糧が危ない／中村靖彦著／岩波書店（岩波新書 新赤版）／2011 年 5 月

就活のまえに：良い仕事、良い職場とは?／中沢孝夫著／筑摩書房（ちくまプリマー新書）／2010 年 1 月

和の文化を発見する水とくらす日本のわざ 1／中庭光彦監修／汐文社／2019 年 2 月

13 歳からの世界征服／中田考著／百万年書房／2019 年 10 月

科学者が読み解く日本建国史：古事記・日本書紀の真意に迫る／中田力著／PHP 研究所（PHP 新書）／2014 年 9 月

言語聴覚士になるには―なるには BOOKS；113／中島匡子著／ぺりかん社／2017 年 5 月

森鷗外：学芸の散歩者／中島国彦著／岩波書店（岩波新書 新赤版）／2022 年 7 月

しらべよう!はたらく犬たち 4／中島眞理監修／ポプラ社／2010 年 3 月

和本のすすめ：江戸を読み解くために／中野三敏著／岩波書店（岩波新書 新赤版）／2011 年 1 月

いのちと向き合う仕事―漫画家たちが描いた仕事：プロフェッショナル／中野晴行監修;手塚治虫著／寺沢大

介著;花塚由著;野崎ふみこ著;くさか里樹著;萩岩睦美著／金の星社／2016 年 2 月

学校の役割ってなんだろう／中澤渉著／筑摩書房（ちくまプリマー新書）／2021 年 9 月

声優さんになりたいっ!／仲川僚子取材・構成・執筆;81 プロデュース監修／講談社／2014 年 11 月

触感をつくる：《テクタイル》という考え方／仲谷正史著;筧康明著;白土寛和著／岩波書店（岩波科学ライブラリー）／2011 年 12 月

シューベルト＝Franz Peter Schubert―マンガ音楽家ストーリー;5／朝舟里樹作画／ドレミ楽譜出版社／2012 年 11 月

今さら聞けない科学の常識 3(聞くなら今でしょ!)／朝日新聞科学医療部編／講談社（ブルーバックス）／2014 年 1 月

大人になったらしたい仕事：「好き」を仕事にした 35 人の先輩たち／朝日中高生新聞編集部編著／朝日学生新聞社／2017 年 9 月

大人になったらしたい仕事：「好き」を仕事にした 35 人の先輩たち 2／朝日中高生新聞編集部編著／朝日学生新聞社／2018 年 10 月

大人になったらしたい仕事：「好き」を仕事にした 35 人の先輩たち 3／朝日中高生新聞編集部編著／朝日学生新聞社／2019 年 8 月

地域を変えるソーシャルワーカー／朝比奈ミカ編菊池馨実編／岩波書店（岩波ブックレット）／2021 年 1 月

名画とあらすじでわかる!旧約聖書／町田俊之監修／青春出版社（青春新書 INTELLIGENCE）／2013 年 11 月

名画とあらすじでわかる!新約聖書／町田俊之監修／青春出版社（青春新書 INTELLIGENCE）／2014 年 3 月

生命の始まりを探して僕は生物学者になった―14 歳の世渡り術／長沼毅著／河出書房新社／2016 年 7 月

教師になるには [2018 年度版]―教員採用試験シリーズ／長瀬拓也編著;成田喜一郎監修／一ツ橋書店／2016 年 10 月

教師になるには [2019 年度版]―教員採用試験シリーズ／長瀬拓也編著;成田喜一郎監修／一ツ橋書店／2018 年 1 月

教師になるには [2020 年度版]―教員採用試験シリーズ／長瀬拓也編著;成田喜一郎監修／一ツ橋書店／2018 年 11 月

研究者としてうまくやっていくには：組織の力を研究に活かす／長谷川修司著／講談社（ブルーバックス）／2015 年 12 月

女の子だって、野球はできる!：「好き」を続ける女性たち―スポーツ／長谷川晶一著／ポプラ社（ポプラ社ノンフィクション）／2018 年 7 月

木が泣いている：日本の森でおこっていること／長濱和代著／岩波書店（岩波ジュニアスタートブックス）／2023 年 6 月

ガウディ―よみがえる天才;6／鳥居徳敏著／筑摩書房（ちくまプリマー新書）／2021 年 3 月

10 代と語る英語教育：民間試験導入延期までの道のり／鳥飼玖美子著／筑摩書房（ちくまプリマー新書）／2020 年 8 月

アニメーション学入門 新版／津堅信之著／平凡社（平凡社新書）／2017 年 2 月

新海誠の世界を旅する：光と色彩の魔術／津堅信之著／平凡社（平凡社新書）／2019 年 7 月

ネイリストになるには―なるには BOOKS;137／津留有希著／ぺりかん社／2012 年 5 月

美容室・理容室・サロンで働く人たち：しごとの現場としくみがわかる!―しごと場見学!／津留有希著／ぺりかん社／2015 年 1 月

これからのエネルギー／槌屋治紀著／岩波書店（岩波ジュニア新書）／2013 年 6 月

新薬に挑んだ日本人科学者たち：世界の患者を救った創薬の物語／塚﨑朝子著／講談社（ブルーバックス）／2013 年 9 月

世界を救った日本の薬：画期的新薬はいかにして生まれたのか?／塚﨑朝子著／講談社（ブルーバックス）／2018 年 3 月

パティシエになるには―なるにはbooks；134／辻製菓専門学校編著／ぺりかん社／2010年7月

プロ野球勝ち続ける意識改革／辻発彦著／青春出版社（青春新書 INTELLIGENCE）／2012年8月

やりたいことが見つからない君へ／坪井信貴著／小学館（小学館YouthBooks）／2021年1月

EVと自動運転：クルマをどう変えるか／鶴原吉郎著／岩波書店（岩波新書 新赤版）／2018年5月

横井小楠：明治維新の隠れた思想家：海舟と龍馬の師／堤克彦監修;武田裕編著／蒼空社／2019年1月

的川博士の銀河教室／的川泰宣著／毎日新聞社／2012年3月

これからを生きる君へ／天野篤著／毎日新聞出版／2019年3月

俺が戦った真に強かった男："ミスタープロレス"が初めて語る最強論／天龍源一郎著／青春出版社（青春新書 INTELLIGENCE）／2022年11月

将棋／伝承遊びを伝える会著／文溪堂／2020年2月

ヒトは120歳まで生きられるのか：生命科学の最前線／田原総一朗著／文藝春秋（文春新書）／2019年10月

珍獣ドクターのドタバタ診察日記：動物の命に「まった」なし!―動物／田向健一著／ポプラ社（ポプラ社ノンフィクション）／2017年8月

生き物と向き合う仕事／田向健一著／筑摩書房（ちくまプリマー新書）／2016年2月

個性ハッケン！：50人が語る長所・短所 1／田沼茂紀監修／ポプラ社／2018年9月

個性ハッケン！：50人が語る長所・短所 2.／田沼茂紀監修／ポプラ社／2018年9月

個性ハッケン！：50人が語る長所・短所 3.／田沼茂紀監修／ポプラ社／2018年9月

個性ハッケン！：50人が語る長所・短所 4.／田沼茂紀監修／ポプラ社／2018年9月

個性ハッケン！：50人が語る長所・短所 5.／田沼茂紀監修／ポプラ社／2018年9月

岩村昇：ネパールの人々と共に歩んだ医師―ひかりをかかげて／田村光三著／日本キリスト教団出版局／2013年9月

都会を出て田舎で0円生活はじめました／田村余一著;田村ゆに著／サンクチュアリ出版（sanctuary books）／2022年8月

社会福祉士・精神保健福祉士になるには―なるにはbooks；61／田中英樹;菱沼幹男著／ぺりかん社／2011年3月

社会福祉士・精神保健福祉士になるには―なるにはBOOKS；61／田中英樹編著;菱沼幹男編著／ぺりかん社／2021年6月

先生は教えてくれない就活のトリセツ／田中研之輔著／筑摩書房（ちくまプリマー新書）／2018年7月

教授だから知っている大学入試のトリセツ／田中研之輔著／筑摩書房（ちくまプリマー新書）／2019年3月

弁護士になるには―なるにはbooks；21／田中宏;山中伊知郎著／ぺりかん社／2011年1月

ニッポンの肉食：マタギから食肉処理施設まで／田中康弘著／筑摩書房（ちくまプリマー新書）／2017年12月

カーリング女子：チームと栄冠：本橋麻里・吉田知那美・鈴木夕湖・藤澤五月・吉田夕梨花―冬のアスリートたち／田中充編／汐文社／2018年11月

男子が10代のうちに考えておきたいこと／田中俊之著／岩波書店（岩波ジュニア新書）／2019年7月

森と日本人の1500年／田中淳夫著／平凡社（平凡社新書）／2014年1月

高効率学習戦略：自分の夢を、つかみ取れ!／田中順著／ブイツーソリューション／2012年1月

本当はすごい森の話：林業家からのメッセージ―ちしきのもり／田中惣次著／少年写真新聞社／2016年12月

芸者と遊び：日本的サロン文化の盛衰／田中優子著／KADOKAWA（角川ソフィア文庫）／2016年12月

ころんで起きてウッチリクブサー：琉球張り子の明日へ／田平としお著／国土社／2013年7月

地下鉄の駅はものすごい／渡部史絵著／平凡社（平凡社新書）／2020年5月

金環食guide：2012年5月21日／渡部潤一監修／中央公論新社／2012年2月

古典和歌入門／渡部泰明著／岩波書店（岩波ジュニア新書）／2014年6月

ぼくは戦場カメラマン／渡部陽一著／角川書店（角川つばさ文庫）／2012年2月

宇宙飛行士入門―入門百科＋；13／渡辺勝巳監修／小学館／2014 年 6 月

介護福祉士になるには―なるには BOOKS；100／渡辺裕美編著／ぺりかん社／2022 年 4 月

あなただけの人生をどう生きるか：若い人たちに遺した言葉／渡辺和子著／筑摩書房（ちくまプリマー新書）／2018 年 8 月

生活を究める―スタディサプリ三賢人の学問探究ノート：今を生きる学問の最前線読本；5／渡邊恵太著;トミヤマユキコ著;高橋龍三郎著／ポプラ社／2021 年 3 月

鉄道員になるには―なるには BOOKS；26／土屋武之著／ぺりかん社／2015 年 11 月

君たち中学生・高校生が学ぶ会計／土田義憲著／ロギカ書房／2023 年 6 月

図解・橋の科学：なぜその形なのか?どう架けるのか?／土木学会関西支部編;田中輝彦他著;渡邊英一他著／講談社（ブルーバックス）／2010 年 3 月

日本（にっぽん）の土木遺産：近代化を支えた技術を見に行く／土木学会編／講談社（ブルーバックス）／2012 年 1 月

渋沢栄一：社会企業家の先駆者／島田昌和著／岩波書店（岩波新書 新赤版）／2011 年 7 月

宗教家になるには―なるには BOOKS；75／島田裕巳著／ぺりかん社／2014 年 4 月

医者になりたい：夢をかなえた四人の女性／島田和子作／新日本出版社／2015 年 3 月

進学力で見た!全国高校最新格付け：一流大学への道は高校選びで決まる!／島野清志著／エール出版社（Yell books）／2010 年 6 月

就職でトクする大学・損する大学ランキング '12／島野清志著／エール出版社（Yell books）／2010 年 9 月

エリザベス・ブラックウェル：運命を切り開いた世界で最初の女性医師―集英社版・学習漫画. 世界の伝記 next／東園子漫画;堀ノ内雅一シナリオ;橋本葉子監修・解説／集英社／2011 年 7 月

キミにもなれる!声優／東京アニメ・声優＆e スポーツ専門学校監修／つちや書店／2022 年 2 月

高校生のための東大授業ライブ 熱血編／東京大学教養学部編／東京大学出版会／2010 年 3 月

しごと場たんけん日本の市場 1／東京中央卸売市場協力;ニシ工芸編／汐文社／2016 年 11 月

世界を変えた 60 人の偉人たち：新しい時代を拓いたテクノロジー／東京電機大学編／東京電機大学出版局／2019 年 7 月

偉人たちの挑戦 1―サイエンス探究シリーズ／東京電機大学編／東京電機大学出版局／2022 年 2 月

偉人たちの挑戦 1―サイエンス探究シリーズ／東京電機大学編／東京電機大学出版局／2022 年 3 月

偉人たちの挑戦 3―サイエンス探究シリーズ／東京電機大学編／東京電機大学出版局／2022 年 7 月

偉人たちの挑戦 4―サイエンス探究シリーズ／東京電機大学編／東京電機大学出版局／2022 年 7 月

偉人たちの挑戦 2―サイエンス探究シリーズ／東京電機大学編／東京電機大学出版局／2022 年 11 月

探究に役立つ!学校司書と学ぶレポート・論文作成ガイド―なるには BOOKS／東京都立高等学校学校司書会ラーニングスキルガイドプロジェクトチーム編著／ぺりかん社／2019 年 11 月

発酵・醸造の疑問 50―みんなが知りたいシリーズ；12／東京農業大学応用生物科学部醸造科学科編／成山堂書店／2019 年 6 月

ぼくはネコのお医者さん：ネコ専門病院の日々／東多江子著／講談社（講談社青い鳥文庫）／2018 年 2 月

しびれる短歌／東直子著;穂村弘著／筑摩書房（ちくまプリマー新書）／2019 年 1 月

自動運転で GO!：クルマの新時代がやってくる／桃田健史著／マイナビ出版（マイナビ新書）／2017 年 2 月

環境技術で働く―なるには books；補巻 11／藤井久子著／ぺりかん社／2012 年 2 月

農業者という生き方―発見!しごと偉人伝／藤井久子著／ぺりかん社／2014 年 9 月

弁理士になるには 改訂版―なるには BOOKS；40／藤井久子著／ぺりかん社／2021 年 4 月

障害者とともに働く／藤井克徳著;星川安之著／岩波書店（岩波ジュニア新書）／2020 年 1 月

科学者の社会的責任／藤垣裕子著／岩波書店（岩波科学ライブラリー）／2018 年 11 月

食べるとはどういうことか：世界の見方が変わる三つの質問―かんがえるタネ／藤原辰史著／農山漁村文化協会／2019 年 3 月

こうじょうたんけん たべもの編／藤原徹司著／WAVE 出版／2015 年 1 月

こうじょうたんけん たべもの編 2／藤原徹司著／WAVE 出版／2016 年 2 月

管理栄養士・栄養士になるには−なるにはBOOKS；34／藤原眞昭著／ぺりかん社／2013年1月

藤森照信の現代建築考／藤森照信文；下村純一撮影／鹿島出版会／2023年8月

カラー図解でわかる航空管制「超」入門：安全で正確な運航の舞台裏に迫る／藤石金彌著；航空交通管制協会監修／SBクリエイティブ（サイエンス・アイ新書）／2014年5月

哲学のヒント／藤田正勝著／岩波書店（岩波新書 新赤版）／2013年2月

キュリー夫人の玉手箱＝MARIE'S TEACHINGS：科学は素敵がいっぱい／藤嶋昭監修；東京応化科学技術振興財団編；吉祥瑞枝著／東京書籍（ヤングサイエンス選書）／2012年6月

商業高校から一橋大学に入って公認会計士試験に合格した話／藤本拓也著／とりい書房第二編集部／2019年6月

値段がわかれば社会がわかる：はじめての経済学／徳田賢二著／筑摩書房（ちくまプリマー新書）／2021年2月

屠畜のお仕事−シリーズお仕事探検隊／栃木裕著／解放出版社／2021年4月

大震災のなかで：私たちは何をすべきか／内橋克人編／岩波書店（岩波新書 新赤版）／2011年6月

若者よ、マルクスを読もう：20歳代の模索と情熱／内田樹著；石川康宏著／角川学芸出版（角川ソフィア文庫）／2013年9月

お母さんは命がけであなたを産みました：16歳のための、いのちの教科書／内田美智子著／青春出版社／2011年12月

迷走する教員の働き方改革：変形労働時間制を考える／内田良著；広田照幸著；髙橋哲著；嶋﨑量著；斉藤ひでみ著／岩波書店（岩波ブックレット）／2020年3月

調査報告学校の部活動と働き方改革：教師の意識と実態から考える／内田良著；上地香杜著；加藤一晃著；野村駿著；太田知彩著／岩波書店（岩波ブックレット）／2018年11月

#教師のバトンとはなんだったのか：教師の発信と学校の未来／内田良著；斉藤ひでみ著；嶋﨑量著；福嶋尚子著／岩波書店（岩波ブックレット）／2021年12月

フクシマ：2011年3月11日から変わったくらし／内堀タケシ写真・文／国土社／2021年2月

宇宙飛行士の若田さんと学ぶおもしろ宇宙実験／日経ナショナルジオグラフィック社編／日経ナショナルジオグラフィック社／2010年8月

未来力養成教室／日本SF作家クラブ編／岩波書店（岩波ジュニア新書）／2013年7月

泣いたあとは、新しい靴をはこう。：10代のどうでもよくない悩みに作家が言葉で向き合ってみた／日本ペンクラブ編／ポプラ社／2019年12月

船長・機関長になるには−なるにはBOOKS；8／日本海事新聞社編；穴澤修平著／ぺりかん社／2014年3月

天気予報の大研究：自然がもっと身近になる!：役割・しくみから用語・天気図まで／日本気象協会監修／PHP研究所／2011年9月

天気の基本を知ろう!−天気でわかる四季のくらし；5／日本気象協会著／新日本出版社／2011年2月

裁判官が答える裁判のギモン／日本裁判官ネットワーク著／岩波書店（岩波ブックレット）／2019年4月

新・どの本よもうかな?中学生版 海外編／日本子どもの本研究会編／金の星社／2014年3月

スピード勝負!夏の競技 1(車椅子バスケットボール・水泳ほか)−まるわかり!パラリンピック／日本障がい者スポーツ協会監修／文研出版／2014年11月

まるわかり!パラリンピック [4]／日本障がい者スポーツ協会監修／文研出版／2015年1月

乳酸菌の疑問50−みんなが知りたいシリーズ；14／日本乳酸菌学会編／成山堂書店／2020年6月

データと地図で見る日本の産業 4／日本貿易会監修／ポプラ社／2014年4月

データと地図で見る日本の産業 5／日本貿易会監修／ポプラ社／2014年4月

データと地図で見る日本の産業 6／日本貿易会監修／ポプラ社／2014年4月

〈必要〉から始める仕事おこし：「協同労働」の可能性／日本労働者協同組合連合会編／岩波書店（岩波ブックレット）／2022年2月

本のことがわかる本 3／能勢仁監修／ミネルヴァ書房／2015年9月

農業と人間：ビジュアル大事典／農林水産省農林水産技術会議事務局監修；西尾敏彦編／農山漁村文化協会

／2013 年 3 月

ネット情報におぼれない学び方／梅澤貴典著／岩波書店（岩波ジュニア新書）／2023 年 2 月

消防署図鑑／梅澤真一監修／金の星社／2019 年 12 月

マリア・フォン・トラップ＝MARIA VON TRAPP：愛と歌声で世界を感動させた家族合唱団の母―集英
　社版・学習漫画. 世界の伝記 next／萩岩睦美漫画;和田奈津子シナリオ;谷口由美子監修・解説／集英社／
　2012 年 3 月

人を幸せにする目からウロコ!研究／萩原一郎編著／岩波書店（岩波ジュニア新書）／2014 年 1 月

大人も知らない⁉スポーツの実は…／白旗和也監修／文響社／2020 年 7 月

タガヤセ!日本：「農水省の白石さん」が農業の魅力教えます―14 歳の世渡り術／白石優生著／関和之本文
　イラスト／河出書房新社／2022 年 7 月

ファッションの仕事で世界を変える：エシカル・ビジネスによる社会貢献／白木夏子著／筑摩書房（ちく
　まプリマー新書）／2021 年 9 月

葬祭業界で働く―なるにはBOOKS；補巻 15／薄井秀夫;柿ノ木坂ケイ著／ぺりかん社／2015 年 1 月

技術の街道をゆく／畑村洋太郎著／岩波書店（岩波新書 新赤版）／2018 年 1 月

NHK プロフェッショナル仕事の流儀 7／畠山重篤著;スギヤマカナヨ絵／ポプラ社／2018 年 4 月

NHK プロフェッショナル仕事の流儀 8／畠山重篤著;スギヤマカナヨ絵／ポプラ社／2018 年 4 月

森・川・海つながるいのち―守ってのこそう!いのちつながる日本の自然；5／畠山重篤著;宍戸清孝写真／
　童心社／2011 年 1 月

職場体験完全ガイド 39／八色祐次／ポプラ社／2014 年 4 月

ことばハンター：国語辞典はこうつくる―生きかた／飯間浩明／ポプラ社（ポプラ社ノンフィクショ
　ン）／2019 年 1 月

時をこえる仏像：修復師の仕事／飯泉太子宗著／筑摩書房（ちくまプリマー新書）／2011 年 12 月

作曲家のおはなし 改訂版―ミッキーといっしょ／飯田真樹;川崎みゆき著／ヤマハミュージックメディア／
　2010 年 10 月

検察官になるには―なるにはBOOKS；130／飯島一孝著／ぺりかん社／2020 年 5 月

裁判官になるには―なるにはBOOKS；132／飯島一孝著／ぺりかん社／2020 年 12 月

弁護士になるには―なるにはBOOKS；21／飯島一孝著／ぺりかん社／2021 年 10 月

外交官になるには―なるにはBOOKS；23／飯島一孝著／ぺりかん社／2022 年 6 月

カレル・チャペック：小さな国の大きな作家／飯島周著／平凡社（平凡社新書）／2015 年 12 月

被爆医師のヒロシマ：21 世紀を生きる君たちに／肥田舜太郎著／新日本出版社／2013 年 7 月

人に伝える仕事―漫画家たちが描いた仕事：プロフェッショナル／飛鳥あると著;逢坂みえこ著;さそうあき
　ら著;毛利甚八著;魚戸おさむ著;一丸著／金の星社／2016 年 3 月

人生を切りひらいた女性たち：なりたい自分になろう! 2／樋口恵子監修／教育画劇／2016 年 4 月

尾木ママのいのちの授業 4／尾木直樹監修／ポプラ社／2017 年 4 月

「学び」という希望：震災後の教育を考える／尾木直樹著／岩波書店（岩波ブックレット）／2012 年 6 月

「働く」ために必要なこと：就労不安定にならないために／品川裕香著／筑摩書房（ちくまプリマー新
　書）／2013 年 5 月

日本一小さな農業高校の学校づくり：愛農高校、校舎たてかえ顛末記／品田茂著／岩波書店（岩波ジュニ
　ア新書）／2017 年 4 月

人が働くのはお金のためか／浜矩子著／青春出版社（青春新書 INTELLIGENCE）／2023 年 2 月

小さい選手が大きい選手に勝つためのバスケットボール・スキル／富樫英樹監修／マイナビ出版／2020 年
　6 月

教養としてのビール：知的遊戯として楽しむためのガイドブック／富江弘幸著／SB クリエイティブ（サイ
　エンス・アイ新書）／2019 年 3 月

現役生の勝利をつかむ時間割作戦／富山義昭著／エール出版社（Yell books）／2011 年 6 月

できちゃいました!フツーの学校／富士晴英とゆかいな仲間たち著／岩波書店（岩波ジュニア新書）／2020
　年 7 月

東大・京大・難関国公立大医学部合格への英語／富澤利之著／エール出版社（Yell books）／2010 年 7 月

日本女子レスリング未来に羽ばたくオリンピックアスリートたち／布施鋼治編著／汐文社／2020 年 1 月

ビジネスが広がるクラブハウス：人脈・アイデア・働き方……／武井一巳著／青春出版社（青春新書
　　INTELLIGENCE）／2021 年 5 月

声優になりたい！：夢を叶えるトレーニング BOOK／武田正憲執筆／マイナビ／2015 年 3 月

上機嫌のすすめ／武田双雲著／平凡社（平凡社新書）／2010 年 5 月

日本(にっぽん)のもと 米／服部幸應監修／講談社／2011 年 9 月

お金に頼らず生きたい君へ：廃村「自力」生活記―14 歳の世渡り術／服部文祥著／河出書房新社／2022
　　年 1 月

センター試験超ラクラク突破法 2012 年版／福井一成著／エール出版社／2010 年 9 月

センター試験超ラクラク突破法 2013 年版／福井一成著／エール出版社／2011 年 9 月

センター試験㊙ラクラク突破法 2014 年版／福井一成著／エール出版社／2012 年 9 月

センター試験㊙ラクラク突破法 2016 年版／福井一成著／エール出版社／2014 年 9 月

センター試験㊙ラクラク突破法 2018 年版／福井一成著／エール出版社／2016 年 9 月

センター試験㊙ラクラク突破法 2019 年版／福井一成著／エール出版社／2017 年 9 月

センター試験㊙ラクラク突破法 2015 年版／福井一成著／エール出版社（Yell books）／2013 年 9 月

センター試験㊙ラクラク突破法 2017 年版／福井一成著／エール出版社（Yell books）／2015 年 9 月

一発逆転㊙裏ワザ勉強法 '22 年版／福井一成著／エール出版社（Yell books）／2021 年 1 月

一発逆転㊙裏ワザ勉強法 '24 年版／福井一成著／エール出版社（Yell books）／2023 年 1 月

生命科学の静かなる革命／福岡伸一／集英社インターナショナル（インターナショナル新書）／2017 年
　　1 月

生命を究める-スタディサプリ三賢人の学問探究ノート：今を生きる学問の最前線読本；3／福岡伸一著;篠
　　田謙一著;柴田正良著／ポプラ社／2020 年 3 月

水道のたんけん―ドボジョママに聞く土木の世界／福手勤監修;星の環会編／星の環会／2019 年 11 月

空港のたんけん―ドボジョママに聞く土木の世界／福手勤監修;星の環会編／星の環会／2020 年 4 月

川のたんけん―ドボジョママに聞く土木の世界／福手勤監修;星の環会編／星の環会／2020 年 4 月

道路のたんけん―ドボジョママに聞く土木の世界／福手勤監修;星の環会編／星の環会／2020 年 4 月

それでも美しい動物たち：亜南極からサバンナまで、写真で知る「生き方」のリアル／福田幸広著／SB ク
　　リエイティブ（サイエンス・アイ新書）／2017 年 11 月

山はむらさき 新装版／平沢興著／新潟日報事業社／2010 年 8 月

しあわせ動物園：スゴイ飼育員の本当の話：ジュニア版―動物／片野ゆか作526絵／ポプラ社（ポプラ社
　　ノンフィクション）／2022 年 11 月

竜之介先生、走る！：熊本地震で人とペットを救った動物病院―動物／片野ゆか作;高倉陽樹絵／ポプラ社
　　（ポプラ社ノンフィクション）／2019 年 4 月

海まるごと大研究 4(海の生き物はどんなくらしをしているの?)／保坂直紀著;こどもくらぶ編集／講談社／
　　2016 年 2 月

土に生かされた暮らしをつなぐ：村に帰った「サマショール」の夢―それでも「ふるさと」．あの日から
　　10 年／豊田直巳写真・文／農山漁村文化協会／2021 年 1 月

しらべよう!47 都道府県郷土の発展につくした先人 2／北俊夫監修／偕成社／2021 年 4 月

気分はもう、裁判長―よりみちパン!セ；P033／北尾トロ著／イースト・プレス／2012 年 2 月

科学技術は日本を救うのか：「第 4 の価値」を目指して―Dis+cover science；1／北澤宏一著／ディスカヴ
　　ァー・トゥエンティワン／2010 年 4 月

教養として学んでおきたい落語／堀井憲一郎著／マイナビ出版（マイナビ新書）／2019 年 8 月

バイオ技術者・研究者になるには―なるには BOOKS／堀川晃菜著／ぺりかん社／2018 年 8 月

化学技術者・研究者になるには―なるには BOOKS；158／堀川晃菜著／ぺりかん社／2022 年 3 月

未来をつくる!日本の産業 1(農業 上)／堀田和彦監修;産業学会監修／ポプラ社／2021 年 4 月

未来をつくる!日本の産業 2／堀田和彦監修;産業学会監修／ポプラ社／2021 年 4 月

未来をつくる!日本の産業 3／堀田和彦監修;産業学会監修／ポプラ社／2021 年 4 月

未来をつくる!日本の産業 4／堀田和彦監修;産業学会監修／ポプラ社／2021 年 4 月

未来をつくる!日本の産業 5／堀田和彦監修;産業学会監修／ポプラ社／2021 年 4 月

未来をつくる!日本の産業 6／堀田和彦監修;産業学会監修／ポプラ社／2021 年 4 月

未来をつくる!日本の産業 7／堀田和彦監修;産業学会監修／ポプラ社／2021 年 4 月

女性画家 10 の叫び／堀尾真紀子著／岩波書店（岩波ジュニア新書）／2013 年 7 月

16 歳の仕事塾：高校生と親・先生のためのキャリアデザイン／堀部伸二著;山岸慎司著／中央経済社／
2022 年 8 月

あきらめないことにしたの／堀米薫作／新日本出版社／2015 年 6 月

わたしたちの地球環境と天然資源：環境学習に役立つ! 3／本間愼監修;こどもくらぶ編／新日本出版社／
2018 年 7 月

うちは精肉店／本橋成一写真と文／農山漁村文化協会／2013 年 3 月

木村カエラ――素顔のアーティスト／本郷陽二著／汐文社／2010 年 11 月

イチロー――侍メジャーリーガー列伝／本郷陽二編／汐文社／2015 年 1 月

ダルビッシュ有―侍メジャーリーガー列伝／本郷陽二編／汐文社／2015 年 1 月

田中将大―侍メジャーリーガー列伝／本郷陽二編／汐文社／2015 年 1 月

現役京大生が教える今まで誰も教えてくれなかった京大入試の超効率的勉強法／本多翔一著／エール出版社
（Yell books）／2010 年 1 月

現役京大生が教える大学入試数学の効率的勉強法 入門編―解ける数学シリーズ／本多翔一著／エール出版
社（Yell books）／2012 年 1 月

現役京大生が伝授する大学入試数学の効率的勉強法 基本編―解ける数学シリーズ／本多翔一著／エール出
版社（Yell books）／2013 年 1 月

社会を結びなおす：教育・仕事・家族の連携へ／本田由紀著／岩波書店（岩波ブックレット）／2014 年 6
月

宇宙・天文で働く―なるには BOOKS；補巻 20／本田隆行著／ぺりかん社／2018 年 10 月

なぜ私たちは理系を選んだのか：未来につながる〈理〉のチカラ／桝太一著／岩波書店（岩波ジュニアス
タートブックス）／2021 年 5 月

理系アナ桝太一の生物部な毎日／桝太一著／岩波書店（岩波ジュニア新書）／2014 年 7 月

夢のお仕事さがし大図鑑：名作マンガで「すき!」を見つける 1／夢のお仕事さがし大図鑑編集委員会編／
日本図書センター／2016 年 9 月

夢のお仕事さがし大図鑑：名作マンガで「すき!」を見つける 2／夢のお仕事さがし大図鑑編集委員会編／
日本図書センター／2016 年 9 月

夢のお仕事さがし大図鑑：名作マンガで「すき!」を見つける 3／夢のお仕事さがし大図鑑編集委員会編／
日本図書センター／2016 年 9 月

夢のお仕事さがし大図鑑：名作マンガで「すき!」を見つける 4／夢のお仕事さがし大図鑑編集委員会編／
日本図書センター／2016 年 9 月

高校生からの不動産鑑定士入門：日本唯一の不動産学部がジョブ型雇用時代に輝く仕事の魅力を伝えます
／明海大学不動産研究センター編／住宅新報出版／2022 年 5 月

高校生からの不動産鑑定士入門：日本唯一の不動産学部がジョブ型雇用時代に輝く仕事の魅力を伝えます
／明海大学不動産研究センター編／住宅新報出版／2023 年 4 月

大統領でたどるアメリカの歴史／明石和康著／岩波書店（岩波ジュニア新書）／2012 年 9 月

アインシュタイン好奇心からすべて始まる―偉人のことば／茂木健一郎監修／PHP 研究所／2014 年 3 月

知りたい!ソーシャルワーカーの仕事／木下大生著藤田孝典著／岩波書店（岩波ブックレット）／2015 年 5
月

読みたい心に火をつけろ!：学校図書館大活用術／木下通子著／岩波書店（岩波ジュニア新書）／2017 年 6
月

戦車の戦う技術：マッハ 5 の徹甲弾が飛び交う戦場で生き残る／木元寛明著／SB クリエイティブ（サイエ

ンス・アイ新書）／2016年5月

世界を動かす技術思考：要素からシステムへ／木村英紀編著／講談社（ブルーバックス）／2015年5月

保育園・幼稚園で働く人たち：しごとの現場としくみがわかる!―しごと場見学!／木村明子著／ぺりかん社／2012年9月

子どもと働く―なるにはBOOKS；補巻14／木村明子著／ぺりかん社／2014年2月

保育園・幼稚園で働く人たち：しごとの現場としくみがわかる! デジタルプリント版―しごと場見学!／木村明子著／ぺりかん社／2018年1月

映像技術者になるには―なるにはbooks；71／木村由香里著／ぺりかん社／2010年5月

教養学部：中高生のための学部選びガイド―なるにはBOOKS. 大学学部調べ／木村由香里著／ぺりかん社／2020年6月

生活科学部・家政学部：中高生のための学部選びガイド―なるにはBOOKS. 大学学部調べ／木村由香里著／ぺりかん社／2022年12月

新聞は、あなたと世界をつなぐ窓：NIE教育に新聞を／木村葉子著／汐文社／2014年11月

「育つ土」を作る家庭菜園の科学：有機物や堆肥をどう活かすか／木嶋利男著／講談社（ブルーバックス）／2014年12月

基礎から学ぶ機械製図：3Dプリンタを扱うための3D CAD製図法／門田和雄著／SBクリエイティブ（サイエンス・アイ新書）／2016年1月

将棋400年史／野間俊克著／マイナビ出版（マイナビ新書）／2019年2月

宇宙少年―15歳の寺子屋／野口聡一著／講談社／2011年6月

私が選んだプロ野球10大「名プレー」／野村克也著／青春出版社（青春新書INTELLIGENCE）／2014年9月

「本当の才能」の引き出し方：野村の真髄／野村克也著／青春出版社（青春新書INTELLIGENCE）／2015年1月

野球と人生：最後に笑う「努力」の極意／野村克也著／青春出版社（青春新書INTELLIGENCE）／2019年11月

ITソリューション会社図鑑：未来をつくる仕事がここにある／野村総合研究所監修;青山邦彦絵;日経BPコンサルティング編集／日経BPコンサルティング／2016年4月

TOKYOオリンピックはじめて物語／野地秩嘉著／小学館（小学館ジュニア文庫）／2019年6月

一茶ものがたり：小林一茶と信州高山／矢羽勝幸監修／歴史公園信州高山一茶ゆかりの里一茶館／2012年10月

体操ニッポン男子―未来に羽ばたくオリンピックアスリートたち／矢内由美子編著／汐文社／2020年3月

落語が教えてくれること―15歳の寺子屋／柳家花緑著／講談社／2011年3月

泥だらけのカルテ：家族のもとに遺体を帰しつづける歯科医が見たものは?―世の中への扉／柳原三佳著／講談社／2014年2月

一週間はなぜ7日になったのか：数学者も驚いた、人間の知恵と宇宙観／柳谷晃著／青春出版社（青春新書INTELLIGENCE）／2012年6月

客室乗務員になるには―なるにはBOOKS；2／鑓田浩章著／ぺりかん社／2014年9月

魚市場で働く―なるにはBOOKS；補巻19／鑓田浩章著／ぺりかん社／2017年12月

通訳者・通訳ガイドになるには―なるにはBOOKS／鑓田浩章著／ぺりかん社／2019年2月

港で働く―なるにはBOOKS；補巻28／鑓田浩章著／ぺりかん社／2022年9月

材料革命ナノアーキテクトニクス／有賀克彦著／岩波書店（岩波科学ライブラリー）／2014年6月

夢と努力で世界を変えた17人：君はどう生きる?／有吉忠行著／PHP研究所／2015年2月

科学の困ったウラ事情／有田正規著／岩波書店（岩波科学ライブラリー）／2016年2月

学術出版の来た道／有田正規著／岩波書店（岩波科学ライブラリー）／2021年10月

ゴヤ闇との対話―イメージの森のなかへ／利倉隆構成・文／二玄社／2010年3月

高校球児に伝えたい!プロでも間違うバッテリーの基本／里崎智也著／東邦出版／2015年8月

宇宙就職案内／林公代著／筑摩書房（ちくまプリマー新書）／2012年5月

林修の仕事原論／林修著／青春出版社（青春新書 INTELLIGENCE）／2016年11月

0円で東大早慶に合格する方法／林直人著／エール出版社（Yell books）／2011年4月

くらしを支える仕事―漫画家たちが描いた仕事：プロフェッショナル／林律雄著;大島やすいち著;曽田正人著;平井りゅうじ著;北見けんいち著;大石賢一著;はしもとみつお著;吉本浩二著／金の星社／2016年3月

Python エンジニアファーストブック／鈴木たかのり著;清原弘貴著;嶋田健志著;池内孝啓著;関根裕紀著／技術評論社／2017年9月

美術館・博物館で働く人たち：しごとの現場としくみがわかる!―しごと場見学!／鈴木一彦著／ぺりかん社／2011年3月

美術館・博物館で働く人たち：しごとの現場としくみがわかる! デジタルプリント版―しごと場見学!／鈴木一彦著／ぺりかん社／2018年1月

藤井聡太の軌跡：400年に一人の天才はいかにして生まれたか／鈴木宏彦著／マイナビ出版（マイナビ新書）／2021年5月

クマムシ調査隊、南極を行く!／鈴木忠著／岩波書店（岩波ジュニア新書）／2019年6月

やらなきゃゼロ!：財政破綻した夕張を元気にする全国最年少市長の挑戦／鈴木直道著／岩波書店（岩波ジュニア新書）／2012年12月

仕事道楽：スタジオジブリの現場 新版／鈴木敏夫著／岩波書店（岩波新書 新赤版）／2014年5月

新聞を読もう!2（新聞づくりに挑戦!）／鈴木雄雅監修／教育画劇／2012年4月

新聞を読もう!3（新聞博士になろう!）／鈴木雄雅監修／教育画劇／2012年4月

トラフの小さな都市計画 ＝TORAFU's Small City Planning―くうねるところにすむところ:家を伝える本シリーズ;29／鈴野浩一著;禿真哉著／平凡社／2012年5月

受験学力／和田秀樹著／集英社（集英社新書）／2017年3月

葦かびの萌えいずるごとく ：若き日の自己発見／和田重正著／地湧社／2014年1月

君に勇気を未来に光を賢者のことば／和田孫博監修／新星出版社／2019年7月

日本酒の科学：水・米・麹の伝統の技／和田美代子著;高橋俊成監修／講談社（ブルーバックス）／2015年9月

ドクターヘリの秘密：空飛ぶ救命救急室／和氣晃司著／彩流社／2018年7月

いのちつぐ「みとりびと」 3／國森康弘写真・文／農山漁村文化協会／2012年2月

いのちつぐ「みとりびと」 8／國森康弘写真・文／農山漁村文化協会／2014年2月

ショパン：花束の中に隠された大砲／崔善愛著／岩波書店（岩波ジュニア新書）／2010年9月

八木重吉のことば：こころよ、では行っておいで／澤村修治企画編集・著／理論社／2013年8月

原発とどう向き合うか：科学者たちの対話2011〜'14／澤田哲生編／新潮社（新潮新書）／2014年8月

教養として学んでおきたいクラシック音楽／澤和樹著／マイナビ出版（マイナビ新書）／2022年3月

作業療法士になるには―なるにはBOOKS;97／濱口豊太編著／ぺりかん社／2014年11月

人類の歴史を変えた8つのできごと 1（言語・宗教・農耕・お金編）／眞淳平著／岩波書店（岩波ジュニア新書）／2012年4月

マルガレーテ・シュタイフ物語：テディベア、それは永遠の友だち／礒みゆき著／ポプラ社（ポプラ社ノンフィクション）／2011年6月

イッキ読み!日本の天才偉人伝：日本をかえた天才たち―日能研クエスト：マルいアタマをもっとマルく!／齋藤孝編／講談社／2017年7月

料理の科学：加工・加熱・調味・保存のメカニズム／齋藤勝裕著／SBクリエイティブ（サイエンス・アイ新書）／2017年6月

化学者になるための本 ＝The book how to become a chemist／齋藤勝裕著／シーアンドアール研究所／2022年9月

チーズの科学：ミルクの力、発酵・熟成の神秘／齋藤忠夫著／講談社（ブルーバックス）／2016年11月

中高生から知っておきたい「くすりの正しい使い方」 ：「うっかりドーピング」も理解できる!：ヘルスリテラシーを高めるために／齋藤百枝美著;宮本法子編著／薬事日報社／2020年10月

知っておきたい!働く時のルールと権利―なるにはbooks;別巻／簱智優子著／ぺりかん社／2010年4月

ケーキ屋さん・カフェで働く人たち：しごとの現場としくみがわかる!―しごと場見学!／簱智優子著／ぺりかん社／2015 年 5 月

車いすで国会へ：全身マヒの ALS 議員：命あるかぎり道はひらかれる／舩後靖彦文;加藤悦子文;堀切リエ文／子どもの未来社／2021 年 1 月

映画カントクは中学生!：映画「やぎの冒険」／艸場よしみ著／汐文社／2012 年 1 月

物流の大研究：どうやって運んでいるの?：生きた魚・動物から新幹線まで／齋藤実監修／PHP 研究所／2013 年 1 月

魚の疑問 50―みんなが知りたいシリーズ；15／髙橋正征著／成山堂書店／2020 年 11 月

戦う商業高校生リテールマーケティング戦隊／髙見啓一著／栄光／2017 年 4 月

新鮮!ファッションビジネス入門／髙原昌彦著／繊研新聞社／2013 年 6 月

エコカー技術の最前線：どこまでも進化する燃費改善と排出ガスのクリーン化に迫る／髙根英幸著／SB クリエイティブ（サイエンス・アイ新書）／2017 年 1 月

社会起業家になるには―なるには BOOKS；138／簱智優子著／ぺりかん社／2013 年 9 月

感動がいっぱい!音楽の伝記：ショパン モーツァルト ベートーヴェン チャイコフスキー ブルクミュラー―キラかわ★ガール. マンガ+読み物の新伝記シリーズ／ナツメ社／2017 年 4 月

職場体験完全ガイド 11／ポプラ社／2010 年 3 月

職場体験完全ガイド 12／ポプラ社／2010 年 3 月

職場体験完全ガイド 13／ポプラ社／2010 年 3 月

職場体験完全ガイド 14／ポプラ社／2010 年 3 月

職場体験完全ガイド 15／ポプラ社／2010 年 3 月

職場体験完全ガイド 15／ポプラ社／2010 年 3 月

職場体験完全ガイド 16／ポプラ社／2010 年 3 月

職場体験完全ガイド 17／ポプラ社／2010 年 3 月

職場体験完全ガイド 18／ポプラ社／2010 年 3 月

職場体験完全ガイド 19／ポプラ社／2010 年 3 月

職場体験完全ガイド 20／ポプラ社／2010 年 3 月

職場体験完全ガイド 21／ポプラ社／2011 年 3 月

職場体験完全ガイド 22／ポプラ社／2011 年 3 月

職場体験完全ガイド 23／ポプラ社／2011 年 3 月

職場体験完全ガイド 24／ポプラ社／2011 年 3 月

職場体験完全ガイド 25／ポプラ社／2011 年 3 月

職場体験完全ガイド 27／ポプラ社／2012 年 3 月

職場体験完全ガイド 31／ポプラ社／2013 年 4 月

職場体験完全ガイド 32／ポプラ社／2013 年 4 月

職場体験完全ガイド 33／ポプラ社／2013 年 4 月

職場体験完全ガイド 34／ポプラ社／2013 年 4 月

職場体験完全ガイド 35／ポプラ社／2013 年 4 月

職場体験完全ガイド 36／ポプラ社／2014 年 4 月

職場体験完全ガイド 56／ポプラ社／2018 年 4 月

職場体験完全ガイド 57／ポプラ社／2018 年 4 月

職場体験完全ガイド 58／ポプラ社／2018 年 4 月

職場体験完全ガイド 60／ポプラ社／2018 年 4 月

職場体験完全ガイド 61 (会社員編)／ポプラ社／2019 年 4 月

職場体験完全ガイド 62 (会社員編)／ポプラ社／2019 年 4 月

職場体験完全ガイド 64 (会社員編)／ポプラ社／2019 年 4 月

職場体験完全ガイド 65 (会社員編)／ポプラ社／2019 年 4 月

職場体験完全ガイド 66／ポプラ社／2020 年 4 月

ジブン未来図鑑：職場体験完全ガイド+6／ポプラ社／2023年4月
世界にはばたけ!明日の農業・未来の漁業 1／教育画劇／2019年2月
瞬足パーフェクトブック―小学館スポーツスペシャル／小学館／2010年3月

中高生のための進路・職業を知る本
ヤングアダルトBOOKS1

2024年12月31日　第1刷発行

発行者	道家佳織
編集・発行	株式会社ＤＢジャパン
	〒151-0073 東京都渋谷区笹塚1-52-6
	千葉ビル1001
電話	03-6304-2431
ファクス	03-6369-3686
e-mail	books@db-japan.co.jp
装丁	ＤＢジャパン
電算漢字処理	ＤＢジャパン
印刷・製本	大日本法令印刷株式会社

不許複製・禁無断転載
〈落丁・乱丁本はお取り換えいたします〉
ISBN 978-4-86140-568-6
Printed in Japan

見ると勉強したくなる…
　勉強すると実践したくなる…
　　そして、実践すると…
　　利用者が喜ぶ図書館ができる！

国内唯一！

図書館司書が
現場で求められる
スキル・知識をぐんと伸ばす
オンライン動画サイト…

司書トレ 登場!!

司書トレにアップされた動画は
レクチャーではありません。
何を読んで何を見て
どうやったらスキル・知識が身につくか
経験豊富な講師陣が教えてくれる
動画パス・ファインダーです。

あまり参加の機会がない司書向け研修。
1回話を聞くだけではなかなか自分も職場も
変わらない。

だから司書トレ

司書トレなら
「いつでも」「どこでも」
「何度でも」「どのテーマからでも」
「PCでもスマホでも」

1. **動画で学び方を知る**
2. **自分のペースで学んで考える**
3. **実践する**
4. **振り返ってみてまた学ぶ**

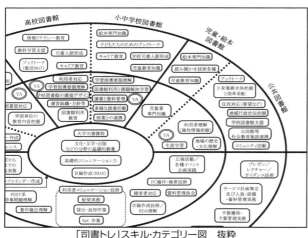

「司書トレ」スキル・カテゴリー図　抜粋

**完璧な学びのサイクルが
すぐできあがる**

司書に必要なスキル・知識のカテゴリーは合計70以上
今すぐ右のQRコードからスマホでカテゴリー全体図を見てください。

大好評
発売中!!

図書館司書のための
動画パス・ファインダー
司書トレ

1テーマ1動画
約30分¥980（税込）
有名講師多数

https://study.shisho.online/

販売元：株式会社DBジャパン